目 录 Contents

1	第一章	卢沟桥的枪声
15	第二章	"起来，不愿做奴隶的人们！"
25	第三章	从南京撤退
35	第四章	统一战线在武汉
43	第五章	台儿庄的胜利
53	第六章	广州的陷落
67	第七章	抗战中的宋庆龄
79	第八章	华北人民的抵抗
103	第九章	新四军在敌后
121	第十章	从重庆到延安
131	第十一章	延安见闻
143	第十二章	在敌后的一次旅程
153	第十三章	发生在敌后的故事
169	第十四章	指挥敌后斗争的中共领导人
187	第十五章	举国抗战
205	第十六章	抗战的最后阶段

HISTORY SHOULD NOT BE FORGOTTEN

历史不应忘记

爱泼斯坦的抗战记忆

by Israel Epstein

伊斯雷尔·爱泼斯坦 著

五洲传播出版社

图书在版编目（CIP）数据

历史不应忘记：爱泼斯坦的抗战记忆 / 伊斯雷尔·爱泼斯坦著. -- 2版. -- 北京：五洲传播出版社，2025.8. -- ISBN 978-7-5085-5400-6

Ⅰ．K825.42

中国国家版本馆CIP数据核字第2025CJ9174号

历史不应忘记

著　　者：伊斯雷尔·爱泼斯坦
译　　者：沈苏儒　贾宗谊　等
出 版 人：关　宏
责任编辑：宋博雅
封面设计：田　林
制　　作：北京原色印象文化艺术中心
出版发行：五洲传播出版社
地　　址：北京市海淀区北三环中路31号生产力大楼B座6层
邮　　编：100088
发行电话：010-82005927，010-82007837
网　　址：www.cicc.org.cn　www.thatsbooks.com
承　　印：北京圣彩虹科技有限公司
版　　次：2025年9月第2版第2次印刷
开　　本：156 mm×234 mm
印　　张：14
字　　数：226千
定　　价：58.00元

第一章

History Should Not Be Forgotten

卢沟桥的枪声

　　1937年7月7日夜，我在北平听到了卢沟桥的枪声。

　　位于宛平城下的卢沟桥，距北平10多公里，扼守着北京西南的交通要道，千百年来战略地位十分重要。

　　在这一天之前，日军已经占领了东北三省和华北的热河、察哈尔省北部及河北省的一部分。北平和天津事实上已成了国防前线。卢沟桥一旦失守，北平即成孤城。这一天下午，日军某部在卢沟桥附近进行军事演习，23时许突称一名士兵失踪，要求进入宛平县城搜查，被中国守军拒绝。日军随即炮轰宛平县城和卢沟桥，向附近地区发起猛烈进攻。中国守备军奋起反抗，表示要誓死保卫卢沟桥。这就是卢沟桥事变，也称"七七事变"。中国伟大的抗日战争由此全面展开。

　　面对日本强敌的侵略，中国现代史上中国老百姓第一次站起来说："这块土地是我们的！"

　　过去，说这样的话，一直是件危险的事情。

　　早在19世纪40年代，中国首次败于外国列强，被迫割让香港和一次次划界租地，并对外国开放沿海通商口岸。那时，伟大的太平天国农民起义的领袖们就曾对清帝国政府说过这样的话。结果是10年战争，2000万人丧生，而这块土地依然掌握在清朝官吏的手中。

　　1900年，中国相继把台湾让与日本、把青岛让与德国、把旅顺

历史不应忘记

口让与俄国、把威海卫让与英国后,奋起反抗的义和团又说过这样的话。义和团走错了路,因被出卖而失败。由于当时统治者的背信弃义和懦弱,中国人民不断付出代价。

在随后的10年中,留学西方和日本的中国知识分子说过这句话。他们宣传鼓动、奋起斗争、受苦受难。此时,中国成立了一个党,后来叫作国民党。1911年,国民党在其他派别的帮助下,推翻了清王朝,为中国历史上的新阶段奠定了基础。(在日本军队占领中国的东北三省后,清王朝的末代皇帝和大臣们组成了"满洲国"的傀儡王室。)

1915年,当袁世凯接受日本提出的妄图将中国变为日本附属国的"二十一条"时,起而抗争的中国各地民众说过这句话。一年之内,总统袁世凯妄想称帝,但他受到致命打击,旋即一命呜呼。

1919年,学生们第一次走上街头,喊出这句话。作为理想主义的果

1919年12月,北京天安门前举行反对巴黎和约、反对"二十一条"的国民大会。

实和自决权的捍卫者的《凡尔赛和约》，却把以前德国人从中国夺去的山东省交给了日本。被日本收买的中国政府予以默认了。（日本军队占领北平后，这个政府的一些阁员成了日本的北平伪政权的"部长"。）

在北平的街道上，学生们死于警察的枪弹。当时，俄国、德国、奥地利和匈牙利相继发生了革命。第一次世界大战期间，中国的工业得到了迅速的发展，同时也出现了劳工运动。1921年，中国共产党诞生了。

在文学方面，青年作家反对过去那种枯燥无味的文言文，破天荒用人民大众的日常语言进行写作。只要认识几千字，任何人都可以读书，怎么说，就怎么写，再也不怕被人讥笑为不懂古文的大老粗了。只要大声读出来，任何人都能听懂一本书或一份报纸了。

国际力量迫使日本放弃了一部分它利用西方列强在欧洲火并之机从中国夺取的租借权。在此期间，华北对峙的军阀们明争暗斗，要决定究竟是日本还是英国可以首先取得中国的资源。国民党和共产党代表人民说："这块土地是我们的！"但它们在军阀统治的区域内都是非法的。

国民党占据了华南的广州，它有浓厚的民族主义色彩。这个由工业家和知识分子组成的党，旨在打破外国对中国海关的控制，摧毁使现代工业难以发展的封建性土地占有制，以及打倒维护封建制度和充当外国阴谋工具的北洋军阀，从而统一全国。

代表工人和农民的共产党，那时候的近期目标和国民党是相同的。和国民党一样，他们也要粉碎外国列强对中国的控制，发展工业和形成一个比较强大的工人阶级，在全国范围内摧毁封建制度和封建军阀统治。

国民党领导着新兴的城市中产阶级。共产党，虽然成立的时间要晚一些，却显示出领导城市工人和乡村农民的能力。中国国民革命运动之父孙中山认识到：只有这些阶级和两党共同采取行动，才能实现两党的目标。1923年，两党结成了联盟。他们共同平息了广州叛乱。这次叛乱是由广东的一个封建军阀和英国汇丰银行的大买办领导的，他们支持叛乱分子作为反共的堡垒。

"这块土地是我们的！"学生说。虽然在上海和广州他们死于英国的枪弹之下，但是，全国范围开展起来的运动继续说这句话。

"这块土地是我们的！"工人说。他们发动的总罢工使香港陷于瘫痪，使英国在中国沿海港口的贸易陷于停顿。

"这块土地是我们的！"农民说。他们打碎了农村地主和高利贷者的权力，扛起枪，参加革命军，去攻打北方军阀的堡垒。随着他们的挺进，中国封建制度的腐朽结构摇摇欲坠了。

1925年春天，孙中山逝世。

他死后两年，国共两党的联盟、各个集团的联合，受阻于中国当时所处的落后状态，终于破裂了。国民党不再支持工人和农民，转而同地主和买办阶级联合在一起了。老百姓再也不能说，土地是他们的了，因为土地被抵押出去了。共产党员要么死于屠刀下，要么退到偏远的山区，继续把被剥削的穷苦人组织起来。

接着而来的是中国历史上最悲惨的10年。由于南方军队的北伐并没有铲除封建统治，而是同它妥协，结果军阀之间的内战又打了起来。老百姓继续起来反抗。当局调动了无数兵力来袭击共产党的根据地，因为根据地的存在本身被认为对民众的反抗起着鼓舞作用。

一直觊觎中国领土的日本人认为，当时的形势千载难逢，并立即抓住了这个机会。1931年，他们轻而易举地攫取了中国的东北三省，因为中国这时刚刚结束一场大内战，又开始对江西的红色根据地发动新的战役。当时的中国，由于内部的政治原因，同与东北接壤的另一个国家——苏联是疏远的。

从一开始，东北人民就拒绝当亡国奴。虽然主力军撤退了，但是，数以万计的士兵、数十万武装起来的农民和工人，以及许多将领们继续抵抗征服者。当长城以南的将军们仍然与人民为敌时，东北反抗侵略者的人们却团结起来了。同日本人合作的东北军阀们，在万众咒骂声中遗臭万年。而那些抗日的将领们则成了民族英雄，扬名四海。谁会忘记在嫩江神出鬼没、在东北的丛林中把日本人打得团团转的这些英雄呢？

南方没有往东北派军队。南京政府把希望寄托于国际联盟，因为中国和日本都参加了国联。国联对中国只是道义上声援而已。

东北义勇军单枪匹马地战斗着。

1932年8月，日本袭击了上海。谁能忘记固守上海两个月之久的第十九路军的英雄事迹呢？

宛平城守军闻日军侵犯,紧急出城赴战。

在这次战役中,江西的中华苏维埃政府表示愿意同任何抗日的部队共同对敌。

中日停战协定在上海签字了。政府认为日本人现在会满足于取得东北,乃重新采取"清内"的老政策。对"叛国"作出了新的解释:谁主张在清共以前就抗日,就是"叛国"。宣传收回东北,就是"叛国"。为义勇军募捐,就是"叛国"。

从上海撤出的第十九路军的抗日英雄们被派到福建去打红军。他们打了一年。后来,他们造反了,成立了新政府。这次造反尚未站稳脚跟,就由于南京派飞机轰炸福州而失败了。这些飞机本来是用人民捐献的钱购买来打日本的。

日本人对华北进一步蚕食。继上海停战之后,塘沽也实现停战。华北的一部分地区变为"非军事区"。这就是说，中国军队不得进入，而日本军队则根据一项条约的规定可以沿铁路线任意行动。塘沽妥协使日本飞机有权侦察这块领土，检查这个单方面的非军事化是否得到完全的实施。

1935年夏天，出现了另一个丧权辱国的事件。一纸"何梅协定"卡住了苟且偷安的中国的咽喉。根据这个"协定"，中央政府的军队被赶出河北和察哈尔两省。在中国执政的国民党的任何单位都不得在这两省活动，甚至也不得在北平、天津两大城市活动。反日的爱国人士将被起诉；将设立一个地区行政机关，聘用日本人为"顾问"。

国民党的军队这时正在川藏边界一带追袭共产党人。他们是为完成长征、为躲避国民党军队的围追堵截而经过那里的。

日本的官员和日本的报刊公开讨论着将来让河北、察哈尔、山西、山东、绥远等五省脱离中央政府的管辖。据大英百科全书说，山西煤炭的储量足够全世界使用1000年。河北有丰富的煤炭、小麦和棉花。察哈尔和绥远拥有钢铁和毛皮。山东有煤炭、棉花和小麦。日本的理论家说，这些省份将同日本和"满洲国"形成一个经济集团，提供原料，以便使日本帝国实现其征服世界的美梦。

但是，日本人的美梦是永远实现不了的。他们的蚕食行动遭到中国人民坚决的抵抗，而中国政府却从来不敢这么做。1935年12月9日和16日，数以千计的北平学生，不顾警察的卡宾枪和日本人扬言要使用机关枪的威胁，在这座古城的街头游行，高呼爱国抗日口号，这些口号后来成为民族救亡运动、西安事变和民族抗日统一战线的口号。但是，在1935年，"打倒日本帝国主义""停止内战，一致抗日"的口号被认为是"叛国"。许多学生由于自己的勇敢行动而牺牲了生命。官方把日本视为"友邦"，所谓停止内战的说法成了异端邪说。无休止地袭击共产党领导的红军，不是内战，而是剿"匪"——这是官方的立场。

不过，北平的游行和由此而在全国引起的抗议浪潮，使日本人不敢立即推行其计划。如果枪杀这些学生，那将是危险的。（他们知道，1919年和1925年屠杀学生的结果，是激起民愤，使全国都行动起来。）"病人"突然发起烧来，日本外科医生不敢贸然对中国巨人的躯体做另一次手术，首先要使他退烧，让他冷静下来，这就需要使用更多的麻醉剂。然而，使用麻醉剂，已经为时太晚。

中国人民通过北平的学生对日本人说："这块土地是我们的。你们休想夺走。"他们对自己的政府说："这块土地是我们的。你们不能签约让给他人。"

中国军政部长何应钦将军与日本华北驻屯军司令官梅津美治郎于1935年6月签订的北平协定，也就是前面提到的"何梅协定"，是中央政府签署的最后一个妥协文件。

学生游行示威半年之后，中国的团结面临真正的考验。

广东和广西的军事领导人早就有夺取全国政权的野心。现在，他们准备进军南京，并且打着抗日的旗帜，以取得全国的支持。北平的学生运动曾使日本震惊不安。而这个新的事态发展，日本却不怎么担心。它坐山观虎斗，希望中国打内战。

它谨慎地、拐弯抹角地给新冒出来的南方叛军以安慰，尽管他们是在抗日的口号下行动的。只要不同派别的军队相互厮打，中国辛辛苦苦积累起来的军火和精心训练出来的一些正规师就会在内战中耗尽，他们喊什么口号又有什么关系呢？

在北京街头高呼"停止内战"口号的学生，并不像当局所指责的那样，是暗中攻击政府。他们表达了全中国人民的深刻信念：在日本的威胁面前，一切内部斗争都必须停止。不管口号如何，南方的造反行动毕竟没有酿成内战，因为广东人民完全拒绝给予支持。多年的割据局面，不战而结束，南方归附于中央政府。

那年夏天，完成了长征、最后到达陕北的红军部分部队开进了山西省，提出这样的口号："中国人不打中国人，我们要求建立一个抗日国防政府！"

在此期间，发生了一个重大事件。日本人想要把他们的触角伸向中国西部的成都。他们派遣"调查员"去访问该市，准备在那里开设领事馆。他们一直坚持此事，尽管他们在那个地区并没有进行贸易，而且中央政府表示坚决反对。在成都街头示威的群众把这些"调查员"打成肉饼。

秋天，日本人组织了蒙古雇佣军入侵绥远省。他们遇到的不是谈判、妥协和中国人的撤退，而是坚决抵抗。包括中央军在内的中国部队在百灵庙取得了胜利。举国振奋，群情激昂。绥远驻军都是些实实在在的职业兵，他们迷惑不解地说："我们不怕日本人，但是对这些每天越来越多的慰问团，该怎么办？给人家吃什么？学生呀、工人呀、妇女呀，各行各业的人，手捧着礼品，都是从哪儿来的？"

"这块土地是我们的！"华北人民感受到了这一点。"对保卫国土的人，我们为什么不歌颂呢？"这一堂课，军队是永远不会忘记的。当他们打内战时，他们从来没有见过慰问团和自愿救护队，从未有人把他们叫作英雄，他们是无依无靠的人，现在他们第一次感受到："这块土地、这些人民群众，是我们的。"

在上海、青岛和天津，也发生了极其重要的事件。日本纱厂的10多万工人举行了总罢工。罢工的要求是经济性的，但其背景则带有政治性。10多万中国工人声援绥远的将士们。他们的口号是："我们为什么要受侵略者的剥削？"

这次罢工持续了一个月。虽然当局像对待当时的所有群众运动一样，对这次罢工也封锁消息，但全中国的人都知道了，认为这是一件有着极其重要的全国性意义的事件。在青岛，日本的海军陆战队登陆了，以便对罢工的、半饥饿的纺纱工人进行威胁，其中大多数是女工。中国的每一个爱国者都认识到，这些衣衫褴褛的工人在带头领导着全国的斗争。那些受剥削最深、每损失一天的工资就意味着要饿肚子的人，对民族敌人斗争最坚决。在上海，罢工最有效地加速了一切阶级抗日爱国统一战线的建立和加强。全国救亡协会组成了一个委员会，负责保卫、援助和慰问抗日的罢工工人。参加委员会的有一位著名的刊物发行人、一位上海大学法学院院长、两位律师、一位作家、一位教育家和一位有名的银行家。它预示着未来形势的发展。

政府原先动摇不定，如今已逐渐倾向于采取镇压政策了。它对日益高涨的抗日群众运动感到震惊，它的生存受到威胁。它接受了这个挑战，把救亡协会所有的委员抛入监狱，罪名是"危害民国"，最大的惩罚可以判处死刑。这次逮捕，使中国整个社会舆论哗然。在最高统治阶层中，军事总监冯玉祥将军和其他要员都公开表示反对。抗日统一战线向广度和深度发展着。

在此期间，西北的红军和被派到这里来"剿匪"的军队之间的战争已经停止了。共产党的口号是抗日，而"剿匪"的东北军，其惟一的愿望是同把他们赶出家园的敌人决一死战。但是当局在做出最后的努力，把反共战役实际进行下去。新的部队派来了，结果吃了败仗。当局下令把不愿同共军作战的东北军调到其他地方。结果发生了戏剧性的事件。到西安督战的蒋介石大元帅被东北军扣留，强迫他接受统一战线纲领，其中包括要求释放在上海逮捕的领导全国救亡运动的"七君子"。这就是中国历史上有名的"西安事变"。

据蒋夫人宋美龄亲自证实，当时流传的所谓共产党幕后策划兵谏之说是完全不正确的。急忙被召来进行磋商的共产党人坚持释放蒋委员长，从而证明了他们是诚心诚意想同中央政府共同抗日和停止任何内战的。

这样，一场大规模的、悲剧性的内部军事冲突总算是避免了。委员长回到南京时，受到了中国历史上最热烈的、几十万人的欢迎，他们把他的释放看作是内战的结束。

蒋介石当了一阵子他领导的政府军队的阶下囚，最后在他视为头号敌人的共产党的影响下而获释，现在他有充分的理由来重新审查他的立场和政策。他似乎终于明确地认识到，他的整个权力基础已经发生了变化。显然，如果继续执行他强迫东北军接受的那条路线，则势必导致无休止的内战，增加日本侵略的机会。人民群众对此普遍不满，使他的政权受到威胁。另一方面，如果他起来领导反内战的人民运动，有力地抵抗日本侵略，那么，他就能够在更牢固得多的政治基础上巩固自己的地位。这样，他就可以真正成为全国领袖，一切阶层的人民都将集合于他的旗帜下。西安事变后，他开始向这个方向发展。后来的岁月表明，不论从巩固他自己地位的角度来看，还是从国家利益的角度来看，他的选择是明智的。

在对西安事变的反应中，所有的政治派别都说："这块土地是我们的！它属于我们大家所有，任何个人、任何集团都不能出卖它的完整性，不能打内战消耗它的精力，不能剥夺我们参与保卫我们共同遗产的权利。"敌人就在大门口。只有各党各派结成民主联盟，共同努力，中国才能生存下去。

真正团结的第一个条件是对内实行民主，让每一个团体都有机会真正发挥其力量，为国家生存的斗争作出贡献。

中国人民早就认识到这一点了。西安事变的结果是：政府和军队都面对着当时的这一迫切要求。

日本差不多两年来一直在阻挠中国人民的团结，结果是白费劲。这种团结之所以能够形成，有三个因素：

第一，中国一切阶级都日益认识到，进一步对日本屈膝妥协，那对中国一切阶层的人都将意味着毁灭。这种看法的主要依据是日本正对中国进行无情的侵略。统一战线的宣传使这种观点系统化，并且提出了行动纲领。

第二，中国共产党始终不渝地坚持民主抗日团结的政策，自日本入侵东北以来，其使这种政策日臻完善。在西安事变中，东北军扣留了蒋介石，特请共产党人来进行磋商，从而使共产党的领袖们拥有了决定蒋介石命运的权力，而蒋10年来一直在想尽一切办法来消灭他们。然而，他们却毫不犹豫地主张释放蒋介石，让他继续掌权，这并非故作惊人之举，而是因为如果采取别的方针，就会导致内战。但当时全中国，除了不可救药的反动分子和卖国贼外，都迫切要求团结。

第三个因素是蒋介石本人。他的被扣留以及随后发生的事件使他认清了国内的形势。而过去，由于周围人的蒙蔽，他对国内的情况并不怎么了解。他是一个精明的政治家，在以往的岁月中，他靠封官许愿，把一个个可能具有危险性的集团化敌为友，拉拢在他的旗帜下，从而建立了他的权力大厦，可是他看到，在这个精心塑造的结构中惟独没有那个最强大的政治力量——代表着民主和民族愿望的中国人民本身。日本把他逼得走投无路了。他清楚地看到，为了中国的生存，也为了他自己的生存，必须顺着潮流前进，而不能逆流而行。

全国采取了一个新口号："拥护领袖抗日。"而国民党以前的口号则是"拥护领袖"。增加的字虽不多，却包含了中国政局发生的变化的全部意义。蒋介石曾经是无条件的"领袖"，但西安事变表明，他的权力是建筑在沙滩上的。而在西安事变之后，他则成为真正的领袖，包括共产党在内的所有党派都听从他的号令。但这种领导是有条件的，它必须是抗日的领导、同伟大的中国人民的切身利益相一致的领导。蒋介石过去是军事独裁统治的头目，惴惴不安地坐在充满内部矛盾的沸腾的油锅之上。而现在，他则成为领导着团结一致的人民为其生存而斗争的最高统帅。

这种变化当然不是一夜之间实现的。过去的遗迹是经过痛苦的过程慢慢消除的。释放政治犯的工作开始了，但许多人仍然被关在监狱里，其中包括"七君子"。宣传抗日的出版物仍然不时被扣压。组织民众进行爱国活动的努力仍然遭到官方的怀疑和阻挠。这类事情经过很长的时间才慢慢消失。

虽然西安事变的结果直到6个月后全面爆发抗日战争时才变得完全明朗起来，但所有了解情况的观察家都看到，转折点已经来到了。

对日本人来说，1936年的事态一定是说不出的令人惊恐不安。首先，新年前夕，他们分割华北五省的计划受阻于北平学生的游行示威。他们屏息等待着的内战并没有到来，而中央政府的权威反而进一步提高了。他们本来打算像吞并察哈尔的六个县一样，把绥远也吞并掉，结果却遭到激烈的抵抗。纺纱厂工人的罢工表明，大城市的群众开始采取行动了。最后，一场最大的危机不仅没有摧毁迄今已经实现的团结，反而使它更巩固了，抵抗侵略成为团结的基础和凝聚人心的原则。团结局面终于在中国实现了。

华北各省立即感受到了这种团结的效果。半自治的冀察政委会主席宋哲元一年多来一直消极抵制着日本所有的"经济合作"方案，即用中国人的资金，由日本人开发华北的资源供日本人利用。日本人确信他们能够最后迫使宋哲元至少满足他们的部分要求。他们的信心是建立在这样一个假设的基础上的：一旦发生危机，宋哲元将继续单枪匹马地应战，中央政府是不敢给予支持的。现在，情况发生了变化。日本对华北的觊觎，自1935年以来第一次遭到不仅是宋哲元及其第二十九军，而且是全中国的军政力量的反对。整个中国跟两年以前相比是大不相同了。日本人挖空心思为瓦解地方军队和政府而做出的一切努力全都白费了。华北不仅没有"独立"，而且迅速回到南京中国政府的轨道上。

历史不应忘记

1937年7月7日,中国军队在卢沟桥抗击日军的进攻。

面对这样一种形势,日本人的头脑里只有一个对策:挑起冲突,给以打击,然后静观反应。如果宋哲元妥协或者得不到中央政府的支持,则中国阵营内部将发生深刻的分化,甚至可能重新爆发内战。如果南京认为这个挑衅是考验其实力的一个挑战,因而出兵北方,那就很清楚,只有沉重的军事失败,才能遏制中国日益加强的团结力量。日本认为,使中国在最短的时间内遭受这样的失败,是没有多大困难的。这个计划万无一失。

这就是卢沟桥事变的起因,结果促成了全面战争的爆发。

自那时以来发生的种种事情表明,甚至日本军国主义者的聪明也是有其限度的,甚至世界上最好的谍报组织也无法帮助一个国际强盗集团理解一个民族的新生、为保卫家园而战斗的千百万人的不可战胜的力量。

在此后的两年中，日本人占领了许多城市。他们依靠其优越的武器，几乎在每一条战线都打退了中国军队。但日本人却未能消灭中国军队的主力。

中国遗留着腐朽的封建残余，日本妄想利用这一点来迅速征服中国。诚然，他们的确轻而易举地取得了一些胜利。但是，在更多的情况下，他们遇到了来自军队和来自人民群众的意想不到的强有力的抵抗。一旦出现人民的抵抗，抵抗就不会消失，而只会日益增强，尽管日本人采取种种残忍、恐怖的手段来进行镇压。中国人民之所以起来战斗，是因为他们从已经取得的胜利中知道，他们是可以战胜敌人的，是因为他们看到在许多地区，通过斗争改善了生活，减租减息，老百姓自己当家作主。中国人民之所以作战，不仅是为了取得他们在战前拥有的东西，而且是为了保住已经得到的东西。他们还相信，通过自己的努力和斗争，他们可以得到更多的东西。

这就是为什么日本人不会赢得这场战争的原因。正是由于这个缘故，中国4亿同胞意识到自己的伟大力量和巨大的潜在财富，终于起来为自己的生存、为自己的未来而斗争。

他们不再是一些被追捕的小团体，不再是仅仅代表一个阶层，而是团结一致，作为一个民族，共同对付危及大家的生存和前途的共同威胁。他们以血与汗，以新的精力和新的信念说："这块土地是我们的！"

但是，反抗日本侵略的斗争从一开始就注定是艰难困苦的，是需要付出巨大牺牲的。

卢沟桥事变发生后，虽然当地中国守军顽强抵抗，甚至誓死保卫，但还是没有抵挡住日本人进入北平的脚步。7月下旬，日军飞机开始轰炸北平城南郊，接着出动步、炮、骑兵联合进攻。守军的一位军长和一位师长战死沙场。7月29日，日军攻占卢沟桥。当天，北平陷落。第二天，我目睹了天津也落入了日军之手。

从此，我的命运与中国人民的抗日斗争更紧密相连。

第二章

History Should Not Be Forgotten

"起来,不愿做奴隶的人们!"

"起来,不愿做奴隶的人们!
把我们的血肉,筑成我们新的长城。"

这是《义勇军进行曲》的头两行。东北人民为摆脱日本的枷锁而英勇斗争,在他们那勇敢精神鼓舞之下产生的这首激动人心的歌曲,使举国奋起,众志成城。从前线到大城市,从城市到最遥远的乡村,每一个中国人都知道、都会唱这首歌。

《义勇军进行曲》诞生的历史,就是抵抗日本侵略的浪潮不断高涨的历史。这首歌产生于东北三省被日本占领以后暗无天日的现实,曲和词深深扎根于中国人民之中。

这首歌的作曲者聂耳是个天才;他在中国音乐界的出现,是一个预兆、一道闪光,显示着中国被压迫的底层大众中隐藏着巨大的天才。聂耳出生于中国西南边陲的云南省,早年就开始了中国工人的饥寒交迫、累断脊梁的劳动生涯。他先是当苦力,后来入伍当兵。1933年,他前往上海。他设法弄到了一把口琴,爱不释手,经过勤学苦练,居然完全掌握了这种乐器。他的出色演技赢得上海一位电影导演的赞赏和鼓励。在导演的帮助下,聂耳得到学习钢琴和小提琴的机会。他几乎是玩儿命地学习,几个月之后,他就成为一名合格的演奏者。于是,他又学作曲。1934年,他写出了《大路歌》,即同名电影的主题曲。

《大路歌》是中国电影艺术现实主义方面的一个开拓性努力,

历史不应忘记

音乐家聂耳是《义勇军进行曲》的曲作者。

它表现了聂耳所熟悉的人民群众的团结力量和战斗精神，因为聂耳本人就是来自人民。劳动者沿着公路齐声高唱"大家一齐流血汗"：

"大家努力！一齐作战！

大家努力！一齐作战！

背起重担朝前走，

自由大路快筑完。"

聂耳的才华使他成为一名歌手。他诚实正直的艺术品德、对其一脉相承的人民群众的固有忠诚，使他成为人民的歌手。他写出人民的抵抗之歌，那是合乎逻辑的。

但聂耳没有来得及看到中国人民响应他的召唤，未能听到中国为自由而斗争的千百万战士唱他的歌曲。当这些战士终于高唱着《义勇军进行曲》团结起来的时候，聂耳已经不在人世。

1934年，在官方严格的审查制度的压力下，现实主义的电影事业无法取得进一步的发展。聂耳便离开上海前往日本，希望在那里继续研究音乐。在日本待了几个月后，他打算去苏联研究该国的新音乐。在那些日子里，他非常乐观，写了很多作品。不幸的是，他在福冈海滨游泳时竟溺水而死。现场是不明不白的，验尸的结果表明，他可能是先被击晕，然后扔进水中的。他死时年方 24 岁。

聂耳，人虽死，但精神长存，他的歌被千百万群众传唱着。

《义勇军进行曲》的歌词出自田汉之手，他是中国新戏剧家中最富有活力、最有才华的一个。田汉由于早年鼓吹抵抗侵略而吃过苦头。他在南京被捕两年多，备受折磨。抗日战争爆发后，田汉获释，不久便在中国军队新建立的政治部任职。这是一个极其重要的机构，其任务是向士兵宣传为人民而战的道理，而对老百姓则宣传军队已回到人民的怀抱，不再是异己的力量了。后来田汉主持政治部艺术处的工作。在他的领导下，他所发起的新戏剧运动在抗日中发挥着重要的作用，数十个流动剧团把斗争的信息告诉军队和人民。他领导的部门还有一批画家，为中国创作了出色的抗日宣传画。

我第一次听到《义勇军进行曲》时，它仍被禁唱。那是抗日战争爆发前四个月在华北的天津市听到的。这个城市虽然名义上在中国手里，但实际上已经被日本军队及其特务机关控制了。

我隐隐约约地听人说过，上海的全国救亡协会发起了一个"大众歌咏运动"。这个倡议有点新奇。因为除了苦力们的无词号子和人们用假嗓子唱的古老京戏外，中国人一般是不唱歌的。斯诺在《红星照耀中国》一书中曾经报道过，中国红军在传奇般的万里长征中是唱着歌前进的，但当时很少人知道这一点。这个歌咏运动最积极的倡导者是青年会的年轻干事刘良模，他曾在上海一所教会大学里读书，后来出席过加利福尼亚的基督教会议。我想象，他可能是一位热心的传教青年，透过角质镶边的眼镜注视着日益高涨的人民抵抗运动，看看有无可能组织一些新的青年会歌咏俱乐部。

后来，一位朋友告诉我，刘从绥远来到天津。刘在绥远曾教部队唱歌，这支部队在冬季战役中使日军及其蒙古雇佣军受挫。那天下午，刘将在天津青年会的体育馆发起大众歌咏运动。我要去吗？

我还未到门口，就在街上听到了粗犷的、激昂的、强劲有力的中国新式歌声。这种歌，只要听一次，就会永远不忘。它那慷慨激昂的歌词，就好像一位神情紧张、声音沙哑的司令官在发动攻击前夕向充满决心的士兵发表最后一分钟的战斗演说。大厅的门是开着的，里面有 400 个人

历史不应忘记

站着唱歌。他们是来自各行各业的普通人——大学生、小店员、工人、小学生、报童，甚至还有拉黄包车的，他们站在靠近门口的地方，不时望望外面停着的车子。他们表情严肃，重复着他们学到的歌词。每一句都是一个口号，体现着他们全都想过但却表达不出来的思想。此刻，他们长期被压抑的感情终于爆发出来了：

"中华民族到了最危险的时候，

每个人被迫着发出最后的吼声，

起来！起来！起来！"

刘良模完全沉浸在他的工作中。他身材修长，精神焕发，仪表堂堂。他一方面不停地歌唱，一方面似乎倾听着每个人的唱法，进行个别纠正。他仿佛分身为两个人：既是歌唱者，像他的听众一样，吸口气，最后唱出每个中国人的"最后的吼声"；又是教歌者，训练有素，教导有方。

此人不仅是歌咏俱乐部的组织者，以歌唱的成功为乐，而且还是一个时代的象征。他不单单发展着自己的光辉思想，而且以一种新的方式来表达其人民的潜在力量和觉醒。

在这个城市，日本驻扎着4000人的军队和同样多的（或许更多的）间谍。在歌咏活动的第一天，他们就出现在这种"危险"活动的现场，那是毫不奇怪的。他们是两个日本侦探。他们皮肤黝黑，宽肩膀，矮胖，大腹便便，接近中年。他们大摇大摆地走进来，仿佛是偶然闯入，面部表情似乎是说："这一切都是索然无味的，不过，却给了我们一个机会。以橡皮棍子对付你们，那倒是蛮开心的。"在他们周围，歌唱的声音开始动摇起来。附近的一些人先是望望大门，然后瞧瞧他们那宽阔的后背，估摸着是否有可能在一个特务转身的时候，靠近另一个特务。

刘也看到了他们，但却装着没有看见。他继续一句一句地领唱，大伙儿跟着唱。侦探周围的那些人，唱得不起劲了。他特别针对他们，用有力的手势，激励他们唱下去。这样，总算唱完了。他的视线从日本人那里移开，脸上的紧张表情消失了。他像随便聊天似的，对听众说："大厅的门是敞开着的，朋友都是抱着这个目的来的。如果有人不唱歌，他来这里一定另有企图，也许是要捣乱吧。请大家看看自己附近的人是否在唱歌。"他对日本人狠狠瞪了一眼，挺了挺身子，又带着大家唱起《义勇军进行曲》，现在，听众已经会唱了。

每个人都在检查周围的人，几分钟内全场400人的目光都落在两个矮小肥胖的日本侦探身上，大家自豪地高唱《义勇军进行曲》：

"我们万众一心，

冒着敌人的炮火，

前进！

冒着敌人的炮火，

前进！前进！前进！进！"

两个日本人满脸通红，局促不安，躲避着几百双眼睛的视线。最后，他们的嘴唇也动起来，勉强吐出中国词："起来，不愿做奴隶的人们——"他们赶忙朝着大门走去。

群情高涨，歌咏会又进行了一个小时。结束的时候，10个青年人向刘报名。他们在刘几小时的亲自指导下，学会了歌，表示愿意再到别处组织和领导永久性歌咏队。

刘敞开怀，脸部和身体明显地露出疲倦的迹象，而刚才他在台上指挥唱歌的四小时中则毫无倦容。他大口大口地喝着茶，微笑着对我打开了话匣子："对我们这里的工作来说，刚才可是个关键时刻。你知道，从文字上来说，我们并没有抗日的内容；我们没有唱有'日本'字样的歌曲。正是由于这样，各方面才能容忍我们。今天，如果我不吱声，人们就会散去。如果我们首次举行歌咏活动就遭此失败，那将产生致命后果。群众不习惯任何的自由行动，倒是学会了害怕小日本。如果出现怯懦或消沉的情绪，那么，我们的歌曲所激发出来的大无畏精神就会化为乌有。一面高呼爱国口号，一面却在敌人面前畏缩不前，那是不行的。另一方面，如果我把话说得太重，那就很容易引起群众的公愤，起来把这两个日本人赶走。其结果是成为一个'事件'，造成群众被逮捕，蒙受新耻辱的后果。那也意味着，我们在这里的工作无法再开展下去。这可不行，工作不能中断。"

"工作必须继续进行下去。你不知道，一首很容易学会的歌曲可以发挥多么重要的作用啊！我们的许多同胞不认得字。向他们发表演说，又会遭到逮捕。而歌曲则可以把抵抗的口号，通过群众的嘴传开。群众

历史不应忘记

抗日歌声响彻中国大地。

性歌咏活动,可以使人们认识到自己的力量和团结的重要性。任何力量都不能阻止一首歌曲的传播。要不了几天,这10个青年就可以建立10个新的歌咏队。每个歌咏队将培养出新的积极分子,他们也将建立自己的歌咏队。他们将懂得歌唱的内容和目的。"

他把我介绍给新的歌咏队队长,同他们一一认识。"这是一位大学生。那位将在青年会教歌。这位是铁路工人,那位是纺织工人。这是一个小商贩,那位是……"

当我离开的时候,他紧紧握着我的手说:"你知道,有朝一日,我的歌咏队将变成战斗队。"

在那之前的六个月里,刘先后在上海、福建、北平、天津工作过,后来又去了绥远战区。

刘离开后不几天,我在街头散步。一个工人边走边摇晃着他的工具,嘴里哼着《义勇军进行曲》。几个星期过去了,唱的人越来越多。"这是什么歌?"有欧洲人问,"所有的中国人都在唱。"

那两个矮胖的侦探和他们的上司对此干了些什么事,无从知道。但是用橡皮棍子来对付,显然是太迟了。

随着歌咏运动的发展,新歌不断出现——为工人、农民、士兵、学生和妇女而写的歌曲，名目繁多。既有好歌，也有差劲的歌曲，但所有的歌子都被人们唱着，因为需求量太大了，作曲家和词作者们供不应求。真是举国唱歌。

青年们离开华北那些被日本人控制的、令人窒息的大城市，涌向田野和山岭去野营和旅行。夏天，数以千计的人在同一个时间内离开北平城，去附近的西山，爬上陡峭的山坡，举行集会，引吭高歌。几个月后，其中许多人成了游击战士，从那些山岭上突袭分散的小股日军。

在组织者无法渗入的数以百计的地方，新歌曲作为民族统一战线的一股力量，激发了青年人的斗志，把他们的精力引向民族救亡的斗争。例如，青年会就是"老瓶装新酒"。

多年来，政府由于害怕"危险的思想"而禁止一切独立的青年组织。而青年会则受到鼓励、宠爱，得到各种方便。因为它的大门上写着："不问政治。"中产阶级的青年，不论是基督徒，还是非基督徒，被送到这里来，以便通过体育活动和各种安排，使他们的热血变冷一点。

中产阶级的青年，由于无处可去，便纷纷涌入青年会。在别的地方受到盯梢和骚扰的男女青年，在男青年会和女青年会的大厅里则可以享受"治外法权"而受到绝对的尊敬。在这里，他们可以无拘无束地畅谈和思考。这样一来，爱国的歌曲湮没了赞美诗，政治课程取代了基督教义的宣讲。年轻的社会工作者通过青年会的教育，懂得了计划的重要性以及组织野营和俱乐部的细节，开始把他们的才能用于组织抵抗活动。

童子军和体育协会也是这样。他们的建立原本是要把青年管束起来，置于监督之下，使他们避免独立地思考民族问题。但是，统一战线是没有边界的。全民团结自救的必要性是如此迫切和明显，以至这些旨在招募忠实的信徒来捍卫少数富有阶层的经济、政治垄断权的组织，也热心于被官方谴责为激进主义甚至"叛国行为"的抵抗运动了。

但是，任何东西都无法蒙蔽这些中产阶级的青年——使这些出身于官僚、商人、军官和专业人员家庭的青年，看不清自己所处的地位。过去有一段时间，他们至少还有可能得到牢靠的工作，在政府系统内稳步上升。但是现在呢？如果中国的工业被摧毁，全国沦为日本剥削的对象，那么，一个初出茅庐的工程师会有什么前途呢？如果本国的军队节节后退,直到堕落为控制在日本手中的警察来与人民为敌——这是进一步投降的必然结果,那么,军事院校的毕业生会落得怎样的下场呢?日本货不上关税,大批涌入中国市场,势必扼杀中国的民族工业。未来的教师们难道能够心安理得地等待根据专门编写的教科书,来教学生们如何做被奴役的民族?东北和冀东在日本铁蹄下的中国一切阶级的悲惨处境,摆在所有人的面前。对中产阶级,以及对中国广大的劳动者来说,未来的抉择,要么沉沦下去,要么奋起斗争。

是战斗的歌曲唤醒了越来越多的人,使他们认识到自己所处的环境。

后来,刘良模给我讲了一件事,生动地说明了这一点。"在发生卢沟桥事变几天前,"他说,"我正带领一批中学生去北平附近的西山野营三天。第一天,围着篝火,我叫每一个学生唱一支他喜爱的歌曲。这些学生来自不同的社会阶层,他们唱的歌反映了他们的阶级背景。官僚和出国留学专家的子女们很聪明,他们哼着流行的美国最新电影插曲。北平小店主和店员的子女们唱着古老的爱情歌曲或爱国歌曲。接着,一个从东北流浪而来的学生站起来。他唱了两首歌:一首是充满悲伤情绪的《在松花江上》,歌中以丧失国土的满怀悲愤,描写了东北富饶壮丽的山川、原野和森林;第二首是流浪的东北人爱唱但被当局禁止的、慷慨激昂的战斗歌曲《打回老家去》。

"他唱得富有感情,使一些学生热泪盈眶。我们的中学生是非常易动感情的,很容易流露情感。他唱完后,一片沉寂。接着一个学生站起来,他体格粗壮结实,来自苏北,是一个军官的儿子。他扯高嗓门儿说:这是一首反叛的歌曲。政府明令禁唱,不让进行收回东北的鼓动宣传。等我们准备好了,我们是要反击日本的。而这种蛊惑人心的宣传是要我们在没有做好准备的情况下,就仓促应战。他们的用心是要破坏我们的整个抵抗计划。我们知道,他们大唱'民族危机',是用来掩盖同政府作对的敌对势力的活动。你们东北人大谈打倒日本、收复失地。但你们的所作所为,不过是绑架我们的领袖,把全国推向毁灭的边缘。

"虽然他只不过是重复反动派镇压爱国运动时所使用的那些论调,但这些话是发自他的肺腑。他的反驳颇为有力,感动了一些学生,但却不能使他们信服,因为他们居住在北平,亲眼看到了中央军在日本威胁的面前退让,他们亲身感受到了不断向侵略者让步的后果。

"那个东北学生站起来了。他感觉受到了侮辱,气得发抖。他说:'你说我们想回老家、为中国收回失去的省份,是反叛。如果你的家园被烧,你来到仍掌握在咱们手中的领土上,希望同其他同胞一起收复你的老家,你有何感想?如果我站起来对你说:我们正在准备。如果等10年,敌人再来这里进攻我们,那时我们就有力量回击他们。至于你的家园,他已经失去了。甚至歌唱一下对他的热爱,那也是反叛。你将作何感想?如果我对你说这些话,你将泪流满面,怀恨在心。你将像我一样,觉得受到了侮辱。你将不仅憎恨敌人,也憎恨我。难道你想用这样的办法团结全国吗?不要认为只有我一个人这么想。请你看看我们伟大的文化中心北平吧。它也在走东北的路。一旦它沦陷了,难道人们怀念一下北平,就将是反叛吗?难道日本人侵略到一个地方,那里的同胞认为自己作为爱国者,有责任收复失去的家园,连这样的思想也是反叛吗?你这种政策抛弃的不光是东北,而是整个祖国。'

"他坐下了。许多学生哭起来。其中一个人站起来高呼:'打回老家去!打回老家去!'60个声音重复着这个口号。对他进行反驳的那个姓张的学生走回自己的帐篷。

"两天后,小张来看我。他说:'我左思右想,考虑了很久,现在我认识到,他们是对的。我们可能丧失更多的土地而仍然活着,但如果我们禁止同胞们记住往事并继续斗争,那我们就完蛋了。我们不能在打击敌人的问题上分成两派。我们都是中国人嘛。但是,我们不能仅仅是喊喊口号。就我来说,我可以干一些什么呢?'

"我要求他帮助我组织歌咏队。那天晚上,大家围着篝火,他站起来,提议唱一首歌——《打回老家去》。同学们深为感动。大家展开了讨论,我解释说:我们大家都希望在政府的领导下统一起来,但这种统一是在共同抵抗民族敌人的基础上,通过协商一致而取得的,而不是在国土沦丧、投降敌人的时候用强迫命令的手段勉强形成的。这是一个非常成功的晚会。许多学生主动表示将承担组织歌咏队的任务。

"在露营结束的那天晚上,卢沟桥的枪声打响了。我们举行了最后一次会议,许多学生谈到了日本用武力夺取华北的用意所在。大家一致认为，决定性的时刻来到了，中国必须立即投入战斗。

"打那以后，我再没有见到小张，但他经常写信给我。北平失陷几天前，他组织了三个歌咏队，不仅唱爱国歌曲，而且帮助奋起抵抗的第二十九军。南苑战役时，他冒着枪林弹雨运输伤员。现在他回到了苏北，那里离上海100英里，是抗日的大后方。在敌人进攻几个月以前，他组织了一些歌咏队。后来，他当了区长，还领导着一支人数很多的游击队。他虽然只有19岁，可已经是区里最有能力的领导人之一。隔两三个月他就托人突破封锁线捎一封信来。他总是热情洋溢地详细讲述区里的民众运动不断加强的情况，还曾顺便提及那次篝火晚会。"

在北方组织歌咏活动的那些领导人，有的参加了游击队，有的在敌占区出版地下报刊，有的去南方参加人民军队和群众团体的工作，有的牺牲了。在斗争面前，没有一个人消极退缩。

刘良模使许多城市和省份都投入传唱爱国歌曲的火热活动中。爱国歌曲不胫而走，日益传播开来。还有许多更紧迫的事情要做。伤员的悲惨处境，亟需有人去照顾。在处境险恶的上海，在不断遭到轰炸的苏州，在毁于大火的长沙，刘领导着工人和学生团体，哪里最危险、最困难，就往哪里冲去。

田汉也在一片瓦砾的长沙工作着。这个城市毁于警备司令之手。此人曾是扼杀中国进步运动的刽子手之一，当敌人离这个城市还有100英里远的时候，他就吓破了胆，放火烧了自己的城市。他被处决了。田汉是处理30万无家可归的人的善后工作负责人之一。

至于聂耳，他写的歌曲征服了全国。

"大家努力"，是他的《大路歌》的号召。现在，中国人民，大家努力，沿着民族解放的大路向前挺进了。

"起来，不愿做奴隶的人们！"千百万中国人，一队一队地唱着他的歌，奋起走向战斗。这支歌，像战斗的号令一样，唤醒了无数被压迫的、沉睡的民众。

任何人都不会说聂耳在这场伟大的斗争中是无所作为的，虽然他已经不在人世了。

第三章

History Should Not Be Forgotten

从南京撤退

　　我离开了被日军占领的北平和天津,但并没有远离战争,而是更深地卷入了战火。由于无法进入上海,我被合众社派到了当时中国的首都南京。从那时起,我从前线和后方两个方面报道战事动态。

　　还在去南京的火车上,我就尝到了挨炸的滋味。其实,我在天津就已经不是空袭的旁观者,而是亲历了南开大学被轰炸的苦难。此后,我经历轰炸的场面达数百次之多。

　　到达南京的第一个晚上,我在合众社的办事处过夜。半夜,我突然被震耳欲聋的轰炸声和高射炮声惊醒。我忘记了危险,一骨碌爬起来到窗前观看,只见防空系统的探照灯和五颜六色的曳光弹交叉照射。后来我下楼到外面去,看见了横七竖八的尸体(有的被炸得血肉模糊、四肢不全,有的还完整),这时我才清醒过来,知道发生了什么事。

　　随着时间的推移,我学会了在宵禁的空袭声中睡觉。合众社在上海的总部还不时打来电话,我习惯了在忙乱中偷闲打盹。我再也不会由于担心害怕而彻夜坐着,不敢入睡。不管怎么轰炸,我照睡不误。这个本事对应付以后的许多危难是很有用的。

　　日本对南京的轰炸起初只是偶尔为之。它采取软硬兼施的办法,一方面进行恫吓,另一方面谋求休战,以求达到使中国投降的目的。在国际上,它请德国的外交官进行调停;在中国内部,它利用汉奸

历史不应忘记

1937年,爱泼斯坦作为美国合众社记者被派往南京采访。图为爱泼斯坦(左)和《纽约时报》记者蒂尔曼·德丁在南京。

和失败主义者。在这些努力都失败后,它在1937年9月发出最后通牒并加紧空袭,有时日夜轮番轰炸。我清楚地记得,日本人有意识地对一家红十字会大医院进行轰炸,那里住满了当地的病人和来自前线的伤兵。他们的真实意图是想打击南京的士气,告诉所有有关的人:即使伤病员也不能幸免,也会在病床上被炸得血肉横飞。

我看到过一些伤兵,他们成为国际上禁用武器的牺牲品。芥子气把他们的皮肉腐蚀成许多干酪似的小洞,并深深地进入躯体,疼痛难忍。日本人使用化学武器的罪证,我后来在别的地方看到过许多。后来查明,他们还在中国使用过传播病毒的生物武器,散布了像鼠疫、炭疽等致命的病毒。

但是,南京的人民没有被吓倒。每当敌人的轰炸机被中国的战斗机或高射炮击中,冒着火光和浓烟栽下来并爆炸成碎片时,欢呼的人群总是不顾危险,冲向现场。有一次我还看见宋美龄站在敌机的残骸上。作为航空委员会的头头,她似乎是在工作。她倒不缺乏勇气。

作为国民党中央政府所在地,南京军政机关密集,到处是高楼大厦和林荫大道。在这里,处理紧急情况是由穿着漂亮制服的警察和宪兵负责的。每当响起空袭警报,他们立即静街,命令行人进入新建的公共防空洞里。这些所谓的"防空洞",结构简陋,只不过是加了一个顶棚的堑壕而已,防备飞来的弹片和玻璃还可以,对直接扔下来的或者在附近爆炸的炸弹就不中用了,即使是对付轻型炸弹也不行。轿车和卡车都用绿色植物伪装起来,停在路边的树阴下。

在南京市中心,乍看起来,似乎瞅不见在中国到处都可以看到的衣衫褴褛、补丁摞补丁的穷苦百姓。但我很快就发现了这样的人,原来他们住在涵洞管道里,或在空地上临时搭建的窝棚里。

即使如此,炸弹似乎也不放过他们。侵略者试图保留那些最豪华、最适宜居住的地方,以便他们占领以后自己居住。在那些既有漂亮的宫殿似的建筑物,又有简陋木屋的地方,炸弹总是落在后者的身上。

不过,社会气氛慢慢地开始发生变化。原先,有两个南京。一个是

日机在上海狂轰滥炸。

历史不应忘记

趾高气扬的新首都,那里有宽阔的林荫道,有衣冠楚楚、戴着白手套的军官,自命不凡、懒洋洋地坐在名牌轿车里的高级官吏以及住在美式豪华套间里的大腹便便、忙忙碌碌的商人。另一个南京是老南京人居住的地方,那里变得越来越穷。现在,被击落的每一架敌机都是老南京和新南京的共同胜利,特别使穷人和难民感到欢欣鼓舞,因为穷人遭受战争灾害最大,由于家园被毁而不得不背井离乡的难民最恨侵略者。

1937年9月18日——日本侵占东北三省六周年,战时的南京举行了首次全市规模的群众大游行。来自北平和其他不久前被占领城市的学生们被允许进行公开的宣传鼓动活动,呼吁更加坚决地武装全民进行抗战,而不仅仅是依靠职业军人作战。首都强有力的电台第一次播放了《义勇军进行曲》,它的歌词铿锵有力,具有动员力量:

"起来!不愿做奴隶的人们!
把我们的血肉,筑成我们新的长城!
中华民族到了最危险的时候……
我们万众一心,冒着敌人的炮火,
前进!前进!前进!进!"

如前所述,几个月以前我在天津第一次听到它,那时它在国民党统治区还是禁唱的。

在那个情况复杂的1937年9月,我还观看了北平和天津学生会话剧团的一次演出。他们来自沦陷的城市,在前线巡回演出。他们那些富有鼓动性的独幕"活报剧"是根据他们自己的经历写成的。《保卫卢沟桥》描写了战争的爆发;《北平之夜》是沦陷后一家地下报纸编辑们创作的;《大鼓词》是在地道的农民音乐的鼓点下发出的爱国号召,是早期用民间艺术反映时事的一种激动人心的尝试,在后来中国的战时文化中发挥了重要作用。

我们在舞台上看到的战争不时被舞台以外的真实战争所打断——日本飞机俯冲下来投掷炸弹。一位歌手满不在乎地说:"在卢沟桥,我们经常听到敌人的炮声。"一颗炸弹在很近的地方爆炸,震得建筑物摇摇晃晃。他的反应是高喊:"看看敌人的暴行吧!什么东西都不能阻止我们,直到我们把敌人赶下海!"

中国青年救亡协会无锡青年抗敌工作团在街头演出抗日活报剧。

  我想采访学生领袖,记下了他的地址。一两天以后,当我去找他时,话剧团的一位女团员对我说:"他在宪兵司令部。"宪兵把他传唤去,借口是这个学生会没有登记注册,至今还没有放他回来。

  这就是当时南京的情况,有好,也有坏。一方面,面对日本的侵略,表现出大无畏的精神,出现了结成统一战线、全民抗战的迹象;另一方面,当局专横霸道,肆意镇压,一如既往。不过,比以往略有收敛,这倒也是事实。昔日,学生一旦被捕,可能无限期地被拘禁,严刑拷打,甚至被秘密杀害。如今,他们被捕后,常常过一个星期就放出来了。

  不幸的是,这种缓和的局面仅仅在战争的第一年维持下来,后来就不行了。

  由于同国民党达成了建立统一战线的协议,共产党向南京派了一个常驻代表团。我第一次见到了它的公开的代表。虽然中共代表团的存在是合法的,但是国民党的官僚们不愿意适应新的政治形势,尽可能不让好打听的新闻记者们知道它的具体驻地。

  我在去采访这些真实的红军长征战士们之前,总以为他们是一些表

历史不应忘记

1937年,爱泼斯坦访问八路军驻南京办事处,图为与中共代表博古(左)在办事处门口。

情严峻的老军人,经过10年的残酷斗争而变得疲惫和坚强,很可能难以交谈。

出乎预料,接待我的是一位清瘦的、个儿高高的、戴着眼镜的知识分子,穿着像学生那样的蓝色制服,年纪并不比一般大学毕业生大很多,能讲英语和俄语。还有一位军官,他长得颇为英俊,满脸笑容。两位都比我想象的要年轻和洒脱。这使我轻松自在多了,便无拘无束地谈了起来。

他们是什么人呢?那位文职人员自我介绍说是秦邦宪(亦名博古),曾任西北苏维埃政府主席。那位军官是叶剑英,他曾任红军参谋长。(后来我才知道,博古曾经同毛泽东发生过尖锐的矛盾,并由于在领导长征方面犯有错误而被贬职。我很惊讶,我们当时谈得那么投机。)

那时的采访记录丢失了。但我发给合众社的通讯还保存着,上面这样写道:

中国共产党人驳斥了所谓中共"向国民党投降"的说法。他们坚持，他们是根据马克思主义的原则同国民党进行最充分的合作的，不仅在战时如此，在以后的经济复兴时期也将是如此，尽管国民党政府10年来一直想消灭他们，屠杀了许多共产党人。他们认为，抗日的民族战争，其性质是革命的。他们说，马克思主义理论把压迫者国家的民族主义同为民族解放而战斗的被压迫人民的民族主义区别开来。前者是倒退的，而后者是进步的。此外，共产党人相信，全国范围的抗日斗争将使每一个中国人懂得必须把自己的命运同更广泛的民族问题联系起来，因而愿意参与在政治上塑造一个民主的新中国。他们主张在人民有了这种新的觉醒的基础上把群众组织起来。

这个观点使中国共产党人把抗日斗争作为他们的活动和宣传工作的基石。由于担心在这个紧要关头社会斗争的加剧可能把有产阶级推向和平（妥协）营垒，甚至推向日本人的怀抱，所以中国共产党人现在主张，所有阶级携手合作，共同抗战。他们采取这个政策以后，便把反对这种合作的人斥责为叛徒。在他们看来，利用革命的口号和传统造成一种不

中国军队于1937年8月14日下午4时在上海由虬江路攻入四川北路，向那里的日军据点发起进攻。

团结的局面，只会有利于日本帝国主义；这是最卑劣的政治诡计……

共产党领导人向我保证说，他们的党过去没有，将来也不会像国民党所要求的那样自行解散。共产党人之所以竭尽全力抗日，并不是因为他们"经过了改造"，而是因为他们认为这是共产党人应该做的。

在此期间，持续三个月的上海保卫战继续英勇地进行着，但是并未能拯救这个城市。武装最精良的国民党军队损失惨重，在防线上留下了很大的真空，使日军得以乘虚而入。

与此同时，以前的中国工农红军主力在统一战线的旗帜下改编为国民革命军第八路军（简称"八路军"）。共产党领导的这支部队进行着运动战和游击战，在北方长城沿线的平型关，赢得了抗战以来中国的第一次胜利。他们的装备只不过是步枪，但就是靠着这些武器收复了原先被日军占领的许多农村地区。他们的人数不仅没有减少，反而不断增加。对他们来说，真空地带就是敌人的后方。在那里，他们动员群众，组织新的武装力量，包括农民的民兵组织——他们的数目超过了正规军。

从战略的角度来说，国民党的考虑是用中国的正规军对付日本的正规军。在这一对抗中，在海陆空方面都有着精良装备的日本显然占有优势，上海之战就证明了这一点。共产党人则不同，他们的考虑是：中国军队加上武装起来的人民是在自己的土地上同入侵的日军作战，在这一对抗中，日军在数量上处于劣势并为中国军民所包围，他们可以采取伏击、迂回和逐步消耗敌人的战术。平型关的胜利显示了这一点。

国民党从其阶级本性出发，害怕人民群众武装起来并不断壮大力量，所以尽量冲淡平型关的胜利，起初甚至避而不谈。蒋夫人在南京举行记者招待会时，我向她问到改编后的中国红军取得的这场胜利，她拒绝作答。她有很深的政治偏见。

上海沦陷后，日军越来越逼近，到11月中旬，南京的撤退开始了。

合众社转派我到武汉——位于长江中游的中国临时首都。我乘坐政府包租的一艘船前往。按照设计，这艘船只能载客几百人，但却上了3000人。中级官员四五个人挤在双铺船舱里，更低级的官吏则挤在简陋的隔间里和甲板上。在统舱里，伤兵们横七竖八地乱躺着，你压着我，我挤着你，由于高烧、疼痛或寒冷，呻吟之声不绝于耳。

我凑合着住在船上一间邮政局的小办公室里，同屋还有来自马达加斯加的一位国民党侨领和他七岁的女儿。这个小姑娘不停地起劲儿唱着《义勇军进行曲》，这首歌已广泛传开了。

船上拥挤不堪，以至于甲板上的一位乘客站在船边小便时，不幸被

许多外国人见证了日本侵略者实施的南京大屠杀。图为被日军屠杀的部分南京市民的尸体。

挤得掉进了汹涌的江水里。幸而我们没有挨炸,因为天气一直雨雪纷纷,雾蒙蒙的。寒气袭来,冻得人发抖,所以人们宁愿冒空袭的危险,希望天气放晴,太阳出来。

如果我当时没有乘坐这艘船的话,也许会像合众社的年轻同事维尔登·詹姆斯那样,坐美国的"帕奈"号小炮艇离开。人们原以为它可能比较安全一些,其实不然,它也挨了日机的轰炸,造成了许多伤亡。日美两国当时还不是交战国,这次突然袭击,使东京和华盛顿之间的关系骤然紧张起来。然而这并没能阻止美国为了获得丰厚的利润而向日本出售进行战争所需的废铁和石油。

日本同样还空袭了英国的"瓢虫"号军舰,造成的损失比较少,伦敦作出的反应甚至比华盛顿更加温和。日本是故意发出信号,试探他们的反应,意思是:不要挡我的路。这些低调的反应可能使日本得出这样的结论:可以把英美两国推一边去,他们最多不过抱怨几声罢了。

南京于1937年12月13日陷落于日军铁蹄之下,日本人有计划地在南京进行烧杀奸淫。大约30万放下武器的俘虏和手无寸铁的平民惨遭杀戮:日军用绳子把他们捆在一起,用机枪对他们进行扫射;把他们扔进长江里淹死;把他们砍头或活埋;把他们作为练习刺杀的靶子。总之,想尽各种各样的办法来杀害他们。在我认识的日本"南京大屠杀"美国见证人中间,包括南京大学教授瑟尔·贝茨和刘易斯·斯迈思、基督教青年会的乔治·菲奇和《纽约时报》记者蒂尔曼·德丁。当时在中国的纳粹分子中有一个著名的商人,名叫约翰·拉贝,他也大为震惊并采取了抗议行动。他当时担任由外国人组成的安全区委员会主席,给柏林写了一份揭露真相的报告。由于这份报告,他受到了德国当局的斥责,因为当时正在酝酿德日联盟。

常驻南京的外国人的记录,包括长期保密的拉贝日记,以及当时的新闻报道、信件和图片,都是"南京大屠杀"的铁证。在第二次世界大战后审判日本主要战犯时援引了大量中国人的第一手证据,对主要责任人判处了死刑。然而,时至今日,日本右翼的诡辩家们仍然力图缩小或否认所发生的事情。另一方面,日本的一些参与者挺身出来,为这些可怕的事实作证并表示忏悔。

第四章

History Should Not Be Forgotten

统一战线在武汉

从南京到武汉的转移是地理上的撤退。但是,许多人认为,这标志着政治上和道义上的进步。根据我的经验,这两者是不可分割的。

继北平、天津、上海等大城市之后,南京也陷落了。中国遭遇到其漫长历史上最深刻的危机。但是,"危机"一词在中文里是由"危险"的"危"和"机会"的"机"两个字组成的。

武汉面临着"机会":国家和人民有着团结起来、求得生存、最后夺取胜利的潜在能力。这种信心铸造了自尊心,它不仅表现在国家方面,而且也表现在个人的言行和相互之间的关系方面。

虽然昂扬向上的"武汉情绪"在国民党区域里只存在了几个月的时间,但它却被人们长期怀念着,不仅中国人怀念它,而且亲身经历过那段时间的外国人也怀念它,包括用英文写作的大部分驻中国的外国记者,从左派的史沫特莱到中间派和右派的外国大媒体记者,都是如此。

当时具有进步思想的人不仅怀念武汉,而且希望在别的地方找到民族希望的中心。他们更加认识到共产党领导的抗日根据地的重要性,这些根据地主要是通过游击战在敌占区的后方从日本人手中夺取的。武汉的气氛比南京要自由得多。在南京,由于国民党的书报检查制度,人们不大了解共产党的政策和他们所取得的胜利。而在武汉,情况大不一样。1938年是国共两大政党结成抗日统一战线的第一年,也是形势最好的一年。武汉的书店公开出售中国人和外国人写的关于长征和红区的著作,如斯诺写的《红星照耀中国》。毛泽东和其他中共领导人的著作,特别是关于抗日战略的著作,可以公开购买和讨论,而过去有这样的书是可能掉脑袋的。年轻人尤其喜欢这类书。

云集武汉的不仅有来自南京的官员,而且还有来自北平和上海的教授、学生、进步作家和编辑。他们在武汉市建立了许多开明的和左翼的出版机构。他们出版的图书,质量优良,充满朝气,备受读者青睐,而国民党或保守派、唯美派的官方和半官方出版物由于毫不涉及面临的紧迫问题而不受欢迎。

共产党在10年内战期间被宣布为非法,受到围剿。国共合作后,它在南京亮相,但它在武汉的地位比在南京要显著得多。它在武汉的官方代表团由于党的副主席周恩来经常坐镇而得到加强。在名义上,它是八路军的办事处;实际上,它是在战时同国民党打交道的全权机构。有一次,我独家采访了脾气急躁的叶挺,他是通过两党谈判被任命为新四军军长的。新四军是中共领导的第二支军队,是在华中、华南坚持斗争

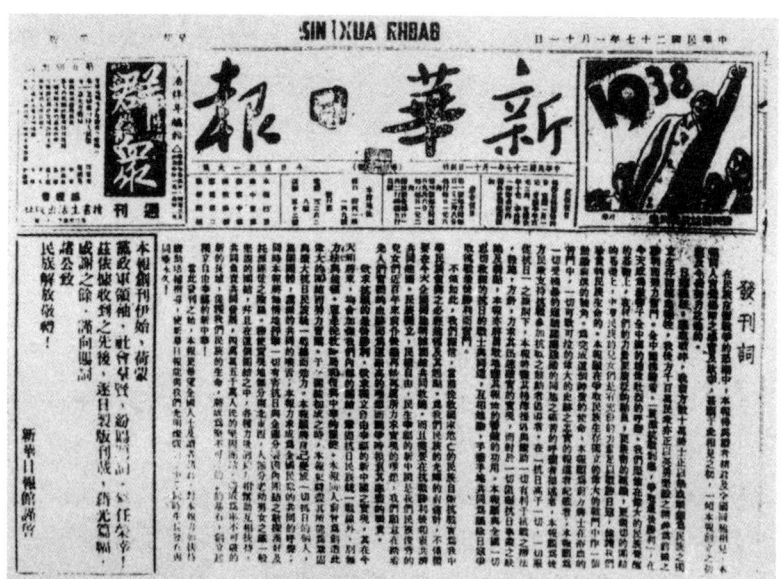

1938年1月11日中国共产党在武汉创办的《新华日报》

在武汉陷落前,国民政府军事委员会政治部第三厅广泛团结和组织文化界人士开展抗日活动。这是政治部副部长周恩来、厅长郭沫若等与第三厅工作人员、文化界人士在八路军驻武汉办事处合影。前排左起:周恩来(3)、郭沫若(4)。

的中国红军部队的基础上成立的。红军的主力经过长征到达西北后,成为抗日统一战线中的第八路军。

1938年初在武汉,共产党在国民党统治区出版了自1927年以来它的第一份合法的报纸《新华日报》。这不是一份地方性报纸,而是面向全国的大报。它创办的时候,举行了一个首发式,许多非共产党人士参加了,我也到场,并且保存了一张珍贵的照片。右翼分子采取了种种手段来阻挠这份报纸的发行工作,包括恫吓销售《新华日报》的报童,甚至还故意制造了一起骚乱事件,但是,它的零售量和订阅量都蒸蒸日上。

在武汉的统一战线阵容中,虽然国民党把所有的部长席位都把持在自己的手里,但还是让周恩来担任了新改组的"军事委员会"政治部副部长。这表明了国民党承认中共部队作战方法,特别是在部队中进行政治动员工作的有效性。在周恩来的领导下,左翼作家郭沫若担任了负责宣传政工工作的第三厅厅长。郭沫若在日本流亡10年,那时刚刚回国。

在第三厅工作的,有许多知识分子,既有共产党人,也有进步的爱国人士。我作为记者,通过这个渠道,并通过他们从周恩来那里得到了许多帮助。

总之,武汉感受到了新的机会,因为面对日本的侵略,中国人不再打中国人,而是再度团结起来,为祖国的独立和前途而奋斗。早在20世纪初,1911年的辛亥革命就是在武汉爆发的,这次革命结束了中国2000多年的封建君主统治。这个城市有许多地方,记录着为全国的统一和进步而奋斗的史迹。这是使武汉产生乐观气氛的因素之一。郭沫若本人是一个大诗人,他的诗集《武汉的希望》表达了这种气氛。

此外,同南京(它后来转化为军政官僚的巢穴)相比,武汉始终是一个工业重镇,工人阶级在这里经历了政治上和组织上的许多胜利和挫折。1926—1927年,在中国共产党的领导下,这里的工会的影响力和实力达到了顶峰。在群众接管武汉前英国租界的斗争中,工会是主力军。自从19世纪中叶外国在中国开辟租界以来,这是收复租界的第一个城市。这里的工人运动经受住了1923年的军阀镇压,但是,在1927年国民党右翼的大屠杀以后,多年受压抑。现在,它又重新蓬勃兴起。

作为气氛发生变化的一个迹象,1938年5月1日,武汉11年来第一次庆祝了"五一"国际劳动节。在全市最大的公园里,广大工人群众10年来第一次听到共产党人王明的讲话。王明当时仍然居于中共的最高领导层。他一度是"左"倾教条主义者,如今在同国民党搞统一战线方面仍然是一个教条主义者,因为他不是把国民党看作伙伴,而是奉为领导者。

最重要的是,1938年的武汉燃起了乐观主义的火焰。这种乐观情绪是由于共产党领导的八路军和新四军在抗日斗争中不断取得胜利而形成的。这些胜利虽然规模不大,但日积月累,便取得了很大进展。这证明,革命的激情不仅可以帮助克服长征途中的各种艰难险阻,而且也有助于在广大农村地区有效地反击敌人,削弱他们的力量,尽管许多城市沦陷于日本铁蹄之下。

在广袤的乡村地区,节节前进的不是日本人,而是中国人,虽然前进的速度比较慢,但是,从长远来看,却是大有希望的。

国民党军队除了领导无能之外，还习惯于防守和打阵地战。这样的打法，有利于日本人，因为他们武器精良，训练有素，还有强大的工业作后盾，因而占了上风。

共产党军队则不然，他们看准了日军战线拉得太长有鞭长莫及这个弱点，在防守力量薄弱的敌人据点之间有广大的空隙地区可以打游击战

八路军宣传员在游击区写标语，画漫画。

和运动战。敌后辽阔的农村地区就这样逐步成为解放区。正规军对正规军，当然日本侵略者占优势。侵略者的正规军对付保卫自己家乡的游击队和人民群众就不同了，后者专门寻找敌人的弱点打，往往以优势兵力和高度机智打败敌人，缴获敌人的部分武器和装备，武装自己。

一支武器装备很差却得到人民支持的军队可以打败武器精良却得不到人民支持的军队。这一点在10年内战期间已经被中国红军所证明，他们打败了蒋介石的几次围剿，夺取了大量武器装备。正如毛泽东所挖苦的那样：蒋介石成了红军的"运输大队长"，他把欧美供给他的武器装备运送给红军。后来的长征则证明，被迫的退却也可以转变成胜利。

当年在武汉目睹1927年革命岁月的外国人中，许多人持反对态度，但也有一些人持同情态度。在这些持同情态度的外国人中，1938年仍然在武汉的只有美国新教的洛根·鲁茨主教。周恩来十几年以前就认识这位同情革命的公正老人，现在又找到他了。这位主教的宽敞住所很快就成了统一战线的一个"哨所"。左翼外宾中有斯特朗和史沫特莱。斯特朗1926—1927年也在武汉，后来离开了这里。史沫特莱长期以来一直站在中国革命这一边。当地的外国人给鲁茨的住所起了个外号："莫斯科—天堂轴心"。虽然斯特朗当时定居莫斯科，但这个地点跟莫斯科毫无关系。不过，这里的确成为中国共产党人同武汉的外国军政官员进行接触的社交桥梁。人们可以在他的院内的草坪上喝茶，同周恩来和他的随员，以及美国外交官谢伟思、美国武官史迪威上校、武官助理弗兰克·多恩和海军武官埃文斯·卡尔森等在一起。后面这三人在第二次世界大战中都成了将军。

在非官方的外国侨民中，大家对共产党的战绩和政策也表现出了极大的兴趣和同情。当时旅行还比较自由，鲁茨主教的女儿弗朗西丝·鲁茨率领一个代表团（成员主要是美国传教士和青年），去晋东南朱德将军八路军总部参观访问，此行也给他们留下了深刻的印象。其中的一些人后来参加了美国国内的进步运动。有一个年纪比较大的成员，名叫拉尔夫·休斯，他是波兰人，曾经在"国际联盟"工作过。他写了一本书，题为《鱼翅和小米》，在美国出版后，颇为畅销。书名中的鱼翅是中国宴席上最昂贵的一道佳肴，小米则是老百姓的粗粮、八路军的主食。他

1995年，爱泼斯坦（右二）在美国看望二战时期曾任美驻华外交官的谢伟思夫妇（右一、左二）。

以此来象征性地对比国民党和共产党两种不同的生活方式。

在那些岁月里，还有一个"国际学生联合会"的代表团经过武汉去延安访问，同毛泽东和中共其他领导人晤谈。其中的美国代表是莫利·亚德，她出生于中国一个传教士家庭。几十年以后，她领导了美国的"全国妇女组织"，成为美国女权运动领袖之一。

1938年，在武汉的中国人中间，人们可以感受到，他们同国际反法西斯斗争紧密地融合到了一起。

使人感受特别强烈的是他们对西班牙共和国保卫战的坚定支持，这是当时另一场反对法西斯侵略的武装斗争。佛朗哥发动的军事叛乱得到了希特勒德国和墨索里尼意大利的军队和武器的支持。

《义勇军进行曲》这首爱国歌曲在被禁止多年以后，1938年重新回荡在武汉的上空。这酷似《马赛曲》的命运。据历史学家记载，《马赛曲》被卷土重来的君主和拿破仑第三帝国长期禁唱以后，于1870年普法战争期间重新出现在巴黎。1938年在武汉，除了这首爱国歌曲外，还增添了一种国际气氛，到处可以听到一首新的中国歌曲《保卫马德里》。这首歌曲的诞生基于这样一种感情：中国和西班牙是在同一条战线上的。

历史不应忘记

在援助西班牙的国际纵队中，大约有100多名居住在西方的中国人自愿参加。在武汉，我碰见了来自西班牙前线的加拿大外科医生白求恩，他准备去敌后八路军根据地，建立一个战地医疗队，为伤病员服务。这位技术精湛、忠诚的国际主义战士牺牲在他的岗位上，他的英名在中国永垂不朽。毛泽东所作的一篇纪念他的文章，在全国家喻户晓。从同一条道路上，还来了一位出色的荷兰纪录片先驱者佐里士·伊文思。陪同他一道从西班牙来华的，是著名的匈牙利战地摄影家罗伯特·凯伯（他后来加入美国籍）。当西班牙共和国惨遭挫败后，被关押在法国拘留营的二三十位国际纵队医生，又来到中国为反法西斯战线服务。

第五章

History Should Not Be Forgotten

台儿庄的胜利

　　1938年4月,我从充满乐观气氛的武汉去前线采访,目睹了自抗日战争开始以来中国正规军取得的第一次胜利。这一胜利使全国振奋,把高昂的情绪推向顶点。

　　台儿庄位于江苏和山东两省交界处。国民党军队在台儿庄作战时,远在北方的共产党游击队则切断日军的交通线,在北方拦阻敌人的增援。所以说这是一次联合抵抗的胜利。这一战役发生在国共两党合作相对较好的全国抗日统一战线时期,这种合作受到了历经10年内战的中国人民的极大欢迎。后来,国民党没能把这种有良好开端的合作继续下去,原因是蒋介石政府重新转向反革命和分裂。是共产党所领导的游击战争,成为主要的斗争力量和民族胜利的希望。但这终归不能湮没台儿庄战役中国民党官兵的顽强和勇气。

　　我们去台儿庄采访的一行人可谓是意气相投、配合默契的最佳搭档。伊文思的电影班子刚刚来自战火纷飞的西班牙,在那里,他们拍摄了一部闻名世界的纪录片《西班牙大地》。在中国,他们正在创作另一部纪录片《四万万人民》,它将产生同样的效果,解说者是美国电影明星弗雷德里克·马奇。该片将包括他们亲眼目睹的台儿庄战役情况,以及共产党领导的游击战区的情况。国民党不让他们去那里,他们设法把摄影机交给当地的一位摄影师,让他拍摄后把胶片交给他们。我们这一行人中还有那位有头脑的美国海军陆战队军官卡尔森,他刚从敌后共产党游击区访问归来。再一位就是政治部第三厅厅长郭沫若手下的曹亮。我第一次见到他,是在上海的中国呼声社。他在教会学校教书,是一位地下共产党员。这个人非常出众。我们之中还有来自国民党宣传部的人,他们是另一种类型的人物。一个是官方的摄影师,他指手画脚,说哪些能拍摄,哪些不能拍摄。他把别人拍摄的东西用自己的摄影机复制一份,供新闻检查用。滑稽的是,我们的"总管"是大腹便便的西奥多·杜先生,他曾经是基督教青年会唱诗班的指挥,后来被授予战时准将。然而他一点也没有军人的味道,还有两站地就到达台儿庄的铁路交叉点了,他突然奔过来,惊恐地说:"我们不能再走了,我发现昨天这里落了一颗日本炮弹!"我们转身回去也许正合他(和他的上司)的心意。但是,既然已经到了今天和明天都会落下炮弹和炸弹的地方,我们就毫不在乎地耸耸肩,不理会这位"勇士"。

总的来说,局面还是乐观的,越接近前线,越是如此。战区司令部设在战略要地徐州(两条铁路干线的交汇处),在这里,我们可以听到大炮的轰鸣声。在火车站的月台上,躺着大批奄奄一息的士兵,如果不赶快把他们撤到后方去,他们是很难活下去的。然而,出乎我们意料的是,在城市的街道上却依然生气勃勃。墙壁上贴满了新的爱国标语。部队和当地应征入伍的新兵源源不断地行进着。平民生活仍然活跃如常。报童叫卖着报纸。身背广告牌的人照样宣传着正上演的戏剧和电影。学生宣传队自发地在户外表演活报剧。在公园里,妇女带领着儿童玩耍。尽管轰炸声不绝于耳,但这里的人们似乎比遥远的武汉更有信心。在武汉,人们担心徐州被突破后可能产生的影响;而在徐州,人们在期待着把日本鬼子赶走。

在战区司令部的门口,挤满了赶着猪来慰劳将士们的农民。我们在这里采访了统率30万大军的战区司令长官李宗仁将军。他不属于蒋介石的嫡系,而是属于桂系。他的部队是从靠近越南的多民族省份广西(广西简称为"桂",今为中国的民族自治区之一)带来的。

我们坐了半个小时的火车,离台儿庄更近了。我们吃力地步行到孙连仲将军的前线指挥部。孙将军是一个典型的北方汉子,满脸胡须,由于前两周指挥战斗,缺少睡眠,显得过度疲劳,声音有点嘶哑。战斗的

1938年4月，爱泼斯坦作为美国战地记者赴抗日前线，采访著名的台儿庄战役。图为爱泼斯坦（左）与荷兰著名纪录片导演佐里士·伊文思（右）及其助手约翰·福尔诺，在一辆被击毁的日军坦克上。

枪炮声依稀可闻，农民们照常在春意盎然的田间劳动。

次日，我们越过架设在古运河上的一个浮桥到了台儿庄。到处是瓦砾，尸横遍野，许多是阵亡的士兵，有一个是农民，在他那只伸出去的手臂旁边是一只死鹅（大概他是想把它抱到安全的地方去吧）。附近，还有一些躺在铁制弹簧床上的日本士兵的尸体，这是日军溃逃以前准备把他们拖到空地上去焚烧的，但是只来得及烧掉一半。

第31师师长池峰城指挥部队进行惨烈的肉搏巷战，终于把侵略者赶走了。同他的军阶相比，他还很年轻，只有30多岁，细长的个子，显得很精明能干。他的军服在战斗中已经破损得不成样子，所以换上了皮夹克和便裤。他的部队有70%的官兵在过去几个月的战斗中为国捐躯，最后终于取得了胜利。城墙已有一半被炮弹炸毁。在城外，有四辆被日军丢弃的坦克残骸。

台儿庄战役的一个特点是，这一仗主要是杂牌军打的。所谓杂牌军，

中国军队攻入台儿庄,与日军展开巷战。

就是蒋介石嫡系精锐部队以外的部队。他们的装备很差,均来自边远省份,被蒋介石的最高统帅部所轻视。然而,事实证明,他们是勇敢、不怕死的。

从地理上说,这表现了无远弗届的民族精神,因为全国大部分地区都参与了这一战役。蒋介石的精锐部队是保存起来作为他的政权的支柱的,所以只是从远处打打炮,而且数量不多。

日本的高级发言人对他们在台儿庄的失败感到震惊,何况又是败在杂牌军的手里。他们采取了惯用的掩盖败绩的手法:在许多天里,他们不仅矢口否认台儿庄被中国人收复,而且还说什么徐州(台儿庄是他们的前哨基地)从来不是日本进攻的目标。其实,徐州过去是、将来仍然是必争之地。

台儿庄大捷是值得纪念的,这有许多理由。它是华北、上海和南京沦陷以后,中国在正面战场上从敌人手中收复的第一个城镇。它大大鼓舞了全中国和全世界的人民,使他们相信中国和中国人民有决心战斗下去,并且有能力取得胜利。

在国内,台儿庄的胜利受到普遍的欢呼:在国民党统治的后方,在

台儿庄战役展开全线进攻时，中国军队将领身先士卒，率部冲锋。

延安和解放区，在敌占区，人民莫不欢欣鼓舞。甚至连海外的华侨和世界各地的中国朋友，也为之雀跃。外国的许多人，包括官方人士，对中国能不能坚持打下去，曾经产生过怀疑，现在，在一定程度上，他们的疑虑消除了。对日本侵略者来说，他们在台儿庄的失败使他们为之沮丧，他们军队的士气受到了打击。

日军虽然在台儿庄受挫，但他们的武士道精神不死。在我们去台儿庄的路上，经过一处看来空旷的田地，一个孤独的日本伤兵在一个用毯子盖着的弹坑里不断向我们开枪，直到护送我们的中国士兵把他打死。他本来可以躲过我们的视线，但却故意寻求"光荣的自杀"。他显然深受日本军部的思想毒害，在他看来，落入中国人手里，必然被折磨致死；如果能够作为俘虏生存下来，那也是对天皇、对自己和全家人的一种耻辱。我们的一个中国同伴说，太遗憾了，我们中间没有一个人会日语，否则的话，我们可以开导开导他。

卡尔森回忆说，在中共领导的战区，经常组织这样的工作。他见过一些被俘的日本兵，其中有些人起初也想自杀或故意让中国卫兵杀掉他们，但现在他们不仅还活着，而且思想逐渐发生了变化。当他们被告知，可以重新回原来的日本部队,也可以留下来时,他们选择了后者。其中有些人还认识到,中国进行的战争是正义的,日本发动的战争对日本人民和中国人民都是有害的。他们冒着危险,用高音喇叭对战线那边的日军喊话,过去他们忠诚于天皇的神话,现在他们忠诚于新的思想。

台儿庄取得了大有希望的、鼓舞人心的胜利,但是,在当时的国内形势下,整个战略决策没有跟上去。机动战和游击战在正面战场上并没有增加,而只是在敌后解放区进行着。在随后的一年中,国共两党的合作不仅没有加强,反而削弱了。国民党没有,也不可能有毛泽东那样的远见卓识。毛泽东在他的《论持久战》这部纲领性著作中,阐述了抗日的防御、相持和反攻三个阶段,以及如何从防御最后转入反攻。这需要把全民的力量动员和团结起来,而蒋介石所表现出来的倾向是一心要保存实力,不用于抗日,以便将来打内战,巩固自己的权力。

1982年,我再次来到台儿庄。在一座大桥上,我问一位遇到的当地农民:"台儿庄的人还记得那场战斗吗?"这位农民看上去有60岁,但实际上已经80岁了。他放下在附近山上砍来的柴,然后回答说:"怎么能不记得?孙连仲的西北军是从那个方向来的。云南和广西部队是从那个方向来的……"说话间他指着不同的方向。"你当时有什么想法?""中华大国不能灭。连八国联军都没有把我们消灭掉,一个小日本又能怎么样?"他提到的八国联军曾来中国对付1900年的义和团运动。当时中国处于最软弱和羞辱的时代。老人家的话表明,经历了所有磨难的中国人对自己的民族有不可战胜的信心。

但是当时,虽然台儿庄取得了胜利,周围地区的中国战线还是在1938年5月底开始明显地呈现崩溃状态。日军对徐州大举增兵,徐州在几周内就陷落了。

接着,日本侵略者开始向武汉推进。

1938年6月10日,蒋介石下令炸开从开封至郑州的黄河堤岸,企图用洪水阻挡日军前进。虽然使日军一部分机械化装备被洪水吞没,但并没有能阻挡多久,倒是中国的无数村庄被淹没,老百姓死了几十万。这同共产党领导的地区形成了鲜明的对照。在那里,毁坏乡村和田野的是日本人,而人民则是努力保护家园和田地。如果城镇被日军占领,他

在台儿庄战场上,中国军队阵地上的高射机枪正瞄准目标准备射击。

们奋力收复失地,重建家园。在台儿庄战役以后,两个战场的差异表现得更为明显,不仅在战术上是如此,在基本方针上也是如此。

6月13日,安徽省当时的省会安庆被日本登陆队占领。次周末,当北方的洪水明显地使战事无法进行时,日军调集了20艘运输舰、大批海军和装载着150架飞机的几艘航空母舰,从上海溯江而上,对武汉大举进攻。按照日本的计划,长江战役将由各个兵种配合进行,除海军外,10个陆战师要沿着长江北岸推进,登陆部队将部署在长江南岸的一些战略要地。这些部队构成日军进攻武汉的左翼,这是日军进攻武汉的主力军。中国军队则部署在武汉以北的山区和长江两岸。日军有大炮,并得到海军和空军的支援。他们还配备有化学武器,在长江两岸他们经常使用毒气。而中国军队的大炮比敌人少得多。空军或略强于敌军,在打击日海军方面发挥了积极有效的作用。化学武器和防毒装备却一点也没有,甚至连最简单的防毒面具都缺乏。

像在徐州战役中一样,日军这次战役的目的不仅是为了占领一个城市,主要还是为了吸引中国军队参加战斗,以便趁机消灭其主力,并使战争尽快结束。

历史不应忘记

中国方面从一开始就认识到，武汉最终还是要丧失的，但抗战将继续下去。他们相信，战争的最后阶段将是装备精良的中国新的军队进行总反攻。他们打算使中国军队的骨干力量保持完好，只用部分机械化装备来保卫武汉，其余部分则留在后方，以作为将来反攻时充足的打击力量的基础。就是说，中国将顽强地保卫武汉，发动局部的反攻，但不会在战术上不利的情况下拿中国的整个军队作孤注一掷。

这个季节长江异常高的水位，助了日军一臂之力。他们的大军舰可以向武汉开去。6月25日，中国空军成功地轰炸了集结在长江的日本军舰，几天中有多艘被击中，还击落了几架日本飞机。但是他们还是在继续向武汉进发。他们必须调集更多的兵力来前方对付中国军队的激烈抵抗，可他们发现，不仅不能从已占领的华北和上海、南京地区抽调一兵一卒，而且实际上不得不从主要战场调人去对付整个占领区像野火一样发展起来的游击活动。从内蒙古到广东沿海岛屿，所有的占领区都处在动荡不安之中。在八路军的大力支持下，边区的游击队扩大到了北平和天津的大门口，并进而发展到冀东和东北。在山西和河南，中国正规军利用敌人忙于长江战事的机会，收复了10个城镇。在山东，1000名散兵游勇打进了省会济南，并坚守了几天。游击队短时间占领沿海城市烟台时，美国的远东舰队正停泊在那里，这使日本人很恼火。在长江下游，以过去的红军为主力的新四军开始活动。在上海近郊，经常可以听到枪声。游击队在隔江与上海相望的浦东收复了许多城镇。8月13日，在上海战役一周年的时候，游击队竟然把一面中国国旗升起在日本军用机场的上空……

整个9月份，各条战线和敌后都在进行激战。

长江南岸的码头镇是武汉防御体系中的坚固堡垒之一，但经过一周的战斗，还是在9月15日陷落了。半月之后，在北岸起着相同作用的田家镇也失守了。争夺这两个据点的战斗空前激烈，双方死伤数万人之多，不过中国军队伤亡人数超过日军一倍。到9月底，日军的另一翼打到了平汉铁路一线。但是，不论哪条战线上，日军都没有突破武汉的外围防线。日军的推进不但受到中国人在前线的猛烈抵抗，而且遭到敌后游击队的频繁骚扰。他们的时间表被打乱了。

但是很不幸,武汉以南中国另一大城市广州,先它而被日本军队攻占。广州的陷落加速了早就准备好的武汉撤退计划。像南京失守以后一样,中国的整个政府系统再一次向更西的地方迁移。当双方的军队在离武汉很远的地方交战时,这个临时首都的撤退工作就开始了。

我顺便从武汉去了一趟长沙。长沙是湖南省的省会。在那里,我目睹了20世纪20年代中期革命精神的象征,这种象征虽然简单,但却很值得注意。尽管经过残酷的镇压,这种精神仍然不死。在中国的其他城市,人力车夫为了讨好乘客,总是拉着车小跑。在长沙则不然,他们最多是快步走。如果乘客要求他们拉着车跑,他们会放下车把说:"请下车,你自己跑吧!"这是多年以前强大而且好斗的人力车夫工会举行胜利罢工的结果,虽然这个工会早已遭到镇压,但它的遗风犹存。

1938年10月底,武汉沦陷,它作为中国战时临时首都的作用便寿终正寝。国民党上层向右转的趋势进一步增加。在汪精卫叛变以后,蒋介石再次声明抗日到底的决心。但是,内部的投降派并没有被清除出去。不过,中下层的积极抗日情绪仍然很高。

对峙中,日军正向中国军队射击。

在武汉的外国记者中间，我并没有成为一个"最后的守望者"，因为我在1938年7月被调到中国的另一个大城市广州。那里也是一个主要的前线，经常遭到日本的狂轰滥炸。

在广州，我亲眼目睹了这个城市的陷落，不折不扣地是最后一个从战壕里爬出来的人。

第六章

History Should Not Be Forgotten

广州的陷落

　　广州在战时国民党统治区域中既是一个士气高昂的城市，又是一个令人消沉的地方。说它士气高昂，是因为在日军持续狂轰滥炸、入侵迫在眉睫的情况下，广州人民临危不惧。说它令人消沉，是因为政府高官尽管口头上高谈坚决抗日，但事实是：他们很快就土崩瓦解了。日军一登陆，向广州挺进，那些达官贵人们便弃城而逃。

　　从1938年6月至10月，我在广州待了五个月，目睹了这一切：日军狂轰滥炸，民间抗日组织风起云涌，最后是大撤退和这个城市的陷落。日军登陆后，中国军队曾经进行了短暂的抵抗，我在前线采访，了解到迅速瓦解的军事方面的若干原因。我离开这个被日军占领的城市，在农村待了一段时间，看到日军势力向农村扩展以及村民的反应。

　　我是在仲夏时分抵达这座名城的。当时，它是中国最后一个尚未被日本占领的最大的海港城市。自从19世纪40年代鸦片战争以来，它多次面临外国的侵略和威胁，都勇敢地进行了抵抗。19世纪末和20世纪初，它成为中国现代史上两次革命的摇篮。一次是孙中山领导的辛亥革命，最终推翻了中国的君主王朝；另一次是1924—1927年的革命，要把中国从外国列强和封建军阀的双重压迫下解放出来。到东南亚和美洲谋生的华侨，大部分来自这个华南重镇附近，他们迫切希望自己的故乡和整个中国取得进步。

　　我一到广州，那里的人民就给我留下了深刻的印象。他们比北

历史不应忘记

方的同胞矮小瘦弱一些，但是精力充沛，闪动着乌黑的眼睛，说话很快，声音很大。这样说话在别的地方可能被认为是情绪激动，而在这里则是平常的事情。

1938年的广州，爱国情绪非常高涨。日本飞机天天进行轰炸，还通过广播电台和散发传单进行煽动，说什么："你们的政府为什么不派飞机来保卫你们？"但是，广州游行示威的群众要求：中国政府不要派飞机来，留下那些飞机保卫大武汉。由此可见广州人民的民族精神。

在我来到广州以前的几个星期，日本人把这个人口密集的城市当作他们轰炸机飞行员新手的练兵场，因此他们要轰炸的目标常常没有击中，无辜平民却被炸死不少。在我抵达广州的第二天，有2000具平民的尸体躺在广州的河边。日军每次出动的飞机并不是很多，但是它们不断地轮番进行轰炸。6月6日，又有1500多人死于非命，这些男女老少被日机炸得血肉横飞，成为难以辨认的一堆堆骨肉。有些受伤的人被压在水泥板下，哭泣呻吟着。断壁残垣上的水管子还在淌着水，如同死伤的人的血管还在流血一样。

好几个夜晚，日机连续来骚扰，虽然投掷的炸弹并不多，但却不停地在人们的头顶盘旋，发出撕裂神经的呼啸声，使人不能安睡。沙面岛上英法租界的周围有一条小河，岸边聚集了许多饥寒交迫的群众，日夜守候在那里，桥上荷枪实弹的租界警卫不让他们进去。日本显然是想用空袭这种恐怖手段摧毁广州人民的意志，其残酷的程度只有希特勒对西班牙共和国的空袭可以相比。

但是，这个城市没有屈服。

虽然空袭曾一度使广州陷入瘫痪，但它很快挺起腰杆，给空中强盗做出了回答。最初，每次大空袭后人们总是撤走，后来，他们横下一条心，不再那么害怕敌机了。每次空袭只使他们增加一份仇恨而已。空袭不但没有使广州人民产生恐惧心理，反而大大地促进了爱国情绪的高涨和抗日组织的兴起，其规模之大在中国各大城市所罕见。我还记得，8月13日开始了为期一周的"向国家献金活动"，市内搭起了六座献金台，市民们纷纷解囊捐献，每座献金台前都挤得水泄不通。群众愤怒地说："这就是我们对敌人轰炸的回答！"

日机轰炸广州后的惨景

由志愿人员组成的红十字救护队、消防队和童子军面对轰炸毫无惧色，不屈不挠地工作着。必要的服务工作没有中断。报纸照常出版。男女老少纷纷在户外聚会，为抗日捐款，女同胞往往把家里的珠宝首饰捐献出来。广州人喜欢的茶楼早晚仍然坐得满满的。由于香港供应商不肯冒着风险供应新片子，影剧院不得不继续放映美国的一些老片子。6月6日，住在伦敦的陈依范（他是孙中山时代外交部长陈友仁的儿子）来广州举办反法西斯画展，参观的人很多，广州市长也参加了。画展所在大楼门前当天还有许多人在空袭中被炸死。这种气氛预示着以后几个月广州的群众组织将有更大的发展。

像在武汉等地一样，我在广州很快找到了一批同我意气相投的进步知识分子和学生。在救亡日报的年轻员工中，有担任主编的夏衍和尚忠义。夏衍是评论家、剧作家、中国现代电影的先驱者，尚忠义曾经是北京大学的教授。他们当时不过30来岁，在报社却已称"老大哥"了。还有一批紧密团结在一起的年轻木刻家、招贴画家和漫画家，他们充满战斗力的作品经常出现在街头和各种会场。苗毅范是一个严肃认真的学生，身材修长，大约19或20岁，他准备到遭受日本入侵威胁的沿海一带去一趟。我请他回来后给合众社写一篇稿子。然而，他永远完不成这个任务了，因为那里霍乱猖獗，他染病而死。

6月中旬，日本对广州的空袭暂时平息了下来。国内外的注意力转向日军对武汉的进攻上。

在多处战场上，有一些国民党部队打得很顽强，但是，腐化的将领们总是使他们灰心丧气。当日军进攻长江上的马当要塞时，司令官正在城里宴饮作乐。由于群龙无首，这个江防要塞在一天之内就陷落了。日本军舰轻易地通过了这一宣称不可逾越的防线。其实，这条防线不仅防务部署得很差，而且其工事构筑也是伪劣的，不堪一击。

在随后的几周内，敌人的进攻缓慢了下来。这是由两个因素促成的：一是国民党正规军进行了比较强烈的抵抗，二是共产党领导的八路军（在华北）和新四军（在长江下游一带）在敌后展开了风起云涌的游击战，牵制了日军对武汉的压力，使它无法向那里大规模增援。

另外，国际因素也起了作用。

日军企图试探一下苏联在同日本占领的中国东北接壤的边界一带的虚实，结果在张鼓峰（距离符拉迪沃斯托克不远）大败而归。东京的一个发言人无话可说，只能归咎于苏军炮火过于猛烈，日军难以承受。

　　由于通过陆路北进的企图受挫，东京总参谋部便转而采取一种比较有希望的打法：对西方国家在太平洋的阵地发动海陆进攻。保守党执政的英国本着"用甜言蜜语来消释怒火"的原则，同日本调情，提出在中国重新划分势力范围的主张。在武汉，汪精卫敦促改善同德国和意大利的关系，因为它们可能在促成中国对日本的具投降性质的"议和"方面担任调停人的角色。与此同时，英国和法国对希特勒法西斯主义采取"绥靖政策"的气氛日益浓厚，德国几个月前霸占了奥地利，捷克斯洛伐克又被9月30日签署的慕尼黑协议所出卖。这些情况为日本壮了胆，使它敢于同时攻打武汉和广州。

　　1938年10月12日，日军在一个孤立的海岸渔村的滩头登陆，开始了对广州的攻势。当地一个名叫莫希德的旧式军阀没有进行什么抵抗。他以作威作福和治军残暴出名。他同他的心腹军官们走私钨矿（一种重要的战略物资），先运到香港，最终卖给日本。他由于防务松弛、抗日不力而被捕，交付军法审判。

　　敌人先头部队登陆后，建立了多个桥头堡，装甲部队接着涌入，在海军强大的航空力量的掩护下，分割包抄，摧毁了前进道路上的中国守军。广州东面的惠州被日军的炸弹夷为平地。一位英国工程师说："在中午两个血腥的钟点中，平均每10秒钟就有一颗炸弹落下。"

　　一周之内，日军就迫近广州。我和另外两个记者乘坐一辆出租车，在夜间到前线作了12小时不同寻常的采访。起初，我们跟着中国部队向前走，后来突然向后转，以避开迅速反攻过来的敌人。

　　最初我们从城区向东前进，走了大约30英里，只看到大批中国军队，队伍整齐，像在检阅场上似的，没有战斗的迹象。最后，我们同几十辆维克斯牌轻型坦克走在一起，并有大批摩托车和一辆像灵车似的很长的客车，是参谋人员乘坐的。车上的军官让我们尾随其后，但是我们走在他们的前面。

历史不应忘记

1938年广州遭日机轰炸时,爱泼斯坦(中间拍照者)赶到现场采访。

突然，我们发现摩托车队和步兵向着相反的方向奔走。他们喊道，前面发现敌人，正用机关枪朝着一些不明真相的公共汽车扫射。那辆参谋人员的车和我们的车调转了方向。我们很快就走在后撤的中国机械化部队和炮兵部队的中间，这表明不会在这里设防抵抗，也许是由于敌人的两翼包抄获得了成功。

回到旅馆后，我们决定次日清晨再去前线。不料，我们所在的地方一下子成了前线。珠江沿岸出现了许多日军坦克，隆隆之声不绝于耳。远处传来爆破声，这是最后撤退的中国军队正在炸掉重要的设施。平民百姓也在仓皇逃走。

我冒险到城里看看，发现20辆日本坦克在没有遇到任何抵抗的情况下，大摇大摆地行进。作为这些坦克经过的象征，留下了弹痕累累的墙壁和几具血肉模糊的尸体——四个平民、一个漂亮女孩和一个士兵。基督教青年会外面的美国国旗上有两个弹孔。头顶上，日本飞机正在低空盘旋。

傍晚时分，日本的装甲部队完全控制了进入广州的公路。而在头天晚上，我们还看到公路上挤满了装备精良的中国机械化部队。那些幸存下来的部队不是通过广州城撤退，而是沿着广州—惠州公路的两侧撤走的。

几个小时以前，我们这几个乘坐出租车乱跑的新闻记者实际上处于随时都会丧命的危险之中。我们在凌晨四点以前一直与之同行的中国部队，在日本飞机的俯冲轰炸和坦克的轰击下，到拂晓时分已经所剩无几了。凌晨五时，开始了人与机械的殊死战。

白天在城里，我们偶尔碰到了在美国加利福尼亚出生的一位中国军队的营长，前天晚上，我们曾经让他搭乘过我们的便车。此刻，他显得很憔悴，军服也脱掉了。他说，起初他不相信日军坦克已经在公路上，因为下达给他的命令是：进入前面第二道防线的阵地。下面是他接下去的谈话。虽然我不可能记得他说的每一个字，但我清楚地记得他谈话的内容和精神：

然而，我们始终没有看到第二道防线。我们接到的新的命令是：各部队单独活动。这意味着，日本人已经突破了我们的防线。一个小时以后，日本飞机发现了我们。我们尽量隐蔽起来，对日机的扫射没有还击。后来，由于一些战士被打死，愤怒的战友们忍无可忍，开了火。

日本人决定歼灭我们。最初，六辆坦克向我们扑来，我们打掉了四辆。接着，大约有50架飞机轮番向我们轰炸。我们的战士把反坦克炮架在临时拼凑的竹子支架上，以便阻击。日机投掷了大约300枚小型炸弹，炸坏了我们的反坦克炮。战士们被炸得血肉横飞。到中午时分，我们这支500人的队伍只剩下275人。我们销毁了我们的重武器，越过田野，来到这里。现在，我正设法寻找我们司令部的去向。

现在回想起来，在日军登陆前后，广州群众的士气一直是高昂的。甚至在敌人进入广州一两天前，还举行了盛大的动员大会，高级官员发表了慷慨激昂的演讲。事实上，跟听众不一样，这些官员正准备赶快溜之大吉，在城内或在周围地区已看不到他们的影子。人民群众一时陷入了混乱。后来，他们的爱国心主要表现在不愿意生活在日本的铁蹄下，纷纷离开了广州。他们的行动之迅速彻底，是我在别处没有见到过的。

后来，广州周围的武装抗日活动逐渐形成，即共产党领导下的东江纵队和相关的游击队。

在广州郊区没有从上而下照着模子组织起来的武装抗日活动，是当地军阀官员狼狈逃窜的结果。

在我写的《人民之战》一书中，对广州的陷落曾有这样的分析：

当中国向全世界显示了她的力量，而她的弱点几乎被遗忘的时候，另一个大城市像北平和天津一样，没有进行有效的抵抗就失守了。像北方的许多城市丧失一样，广州的迅速陷落也是由于国内分裂和对外妥协的时代留下的弱点所致。

不错，广东是采取了措施来组织和武装群众。根据官方数字，该省有30万人获得了枪支并接受了军训。可是，这支巨大的力量没有列入保卫华南的计划。为唤醒民众而热心进行的政治工作是很成功的，但却

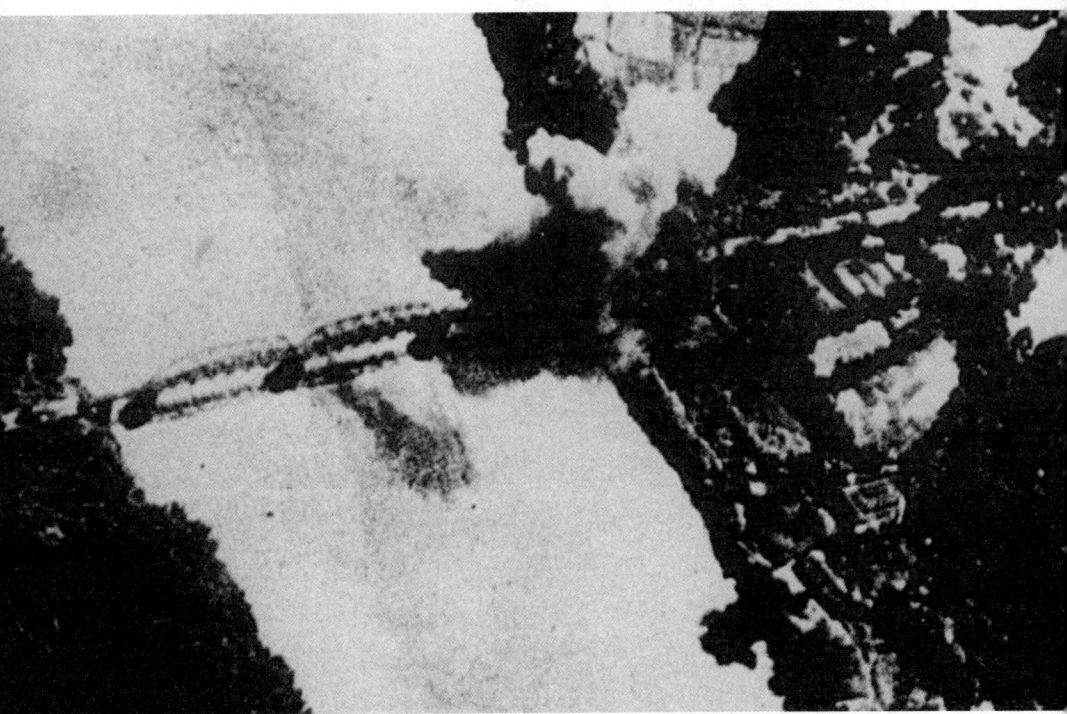

日机轰炸粤汉（广州至汉口）铁路线。

没有同抗击侵略者的战备工作有效地联系起来。结果，在敌人优势兵力的进攻下，该省薄弱的驻军无法保卫广州。民兵是有的，但没有人来指挥。广东当局动员了人民群众，可是到了紧要关头，却把他们置之于脑后。不过，组织和训练群众的工作并非毫无意义，精力没有白费。这样的工作绝对不会是没有效果的。今天，民兵成了广东广泛开展的抗日游击活动的骨干力量。广东人民比他们的领导人更看重自己的力量，他们对自己的战斗力更有信心。

广州市的撤退工作安排得非常好，可以说是历史上空前的。几天之内，一座60万人的城市（正常人口是百万以上）就变成了一片砖瓦的废墟。据估计，日军进城的那一天（1938年10月21日），偌大的广州市顶多只有一万人。广州人宁愿离开自己的家园，也不愿向侵略者屈膝。在日

历史不应忘记

本人占领几个月后,还没有迹象表明大批人将返回自己的家。这充分证明了广州人民不屈不挠的精神;他们宁可过艰苦奋斗的生活,也不愿当亡国奴;他们坚信,日本人的胜利只是暂时的,战斗将继续下去。

从广州和武汉撤退后,中日战争的战局发生了急剧的变化。武汉过去一直是中国的交通枢纽,四通八达,联系着北方、南方和西部诸省。它的地理位置使它在南京陷落后成了全国的军事、政治、贸易中心。而在武汉陷落后,还没有一个地方可以取代它的地位。在新形势下如何继续抗战,是摆在全国面前的一个问题。如果说,在南京和广州、武汉陷落之间的那段时间表明,正规战的优势在日本人方面的话,那么,它也表明,中国军队可以成功地打牵制战,有时还可以发动有效的反攻。中国战斗力量的主力仍然完整无损,而且由于充实以新武器和实施新的训练方法而得到加强。最重要的是,武装起来的人民到处发动游击战,证明他们有能力阻止日本人对任何已占领的省份实行有效的控制。也就是说,中国军队从实质上来看并没有被击溃,而游击运动对日本在占领区的控制又构成了严重挑战。内地的交通运输、工业生产以及同海外联系的新路线空前地发展起来。一个全国性的统一战线虽然还不够十分强大,然而却比过去任何时候都更加坚决地要求继续抗战,直到取得最后胜利。这就是战争爆发15个月后中国向世界展现的图景,尽管她的一些大城市陷落了。

下面,我讲一讲当时我亲自观察到的广州市的某些情况,当然不可能很全面。

1938年10月27日至31日,我和美国自由投稿的摄影工作者雷伊·斯科特试图走出这个沦陷的城市前往香港,但是,未能成功,不得不返回。回到沙面英国租界内的旅馆后,我给合众社发了一篇新闻稿。当时根据一项尚有效的协议,还能通过停泊在珠江口的美国军舰上的电台发送稿件。我在这篇稿件中写道:

我们在"无人区"过了四天,刚刚返回。我目睹了日军在一个荒芜的港口登陆的情况。接着来了三架日本飞机,追着我们轰炸了45分钟。

我步行和乘船一共走了80英里。这使我有可能讲述一下广州沦陷后珠江三角洲的某些情况。

斯科特和我曾经试图经过一条小溪和小路出境，以便把首批关于日本占领情况的图片带出去。但是，日本人对三角洲的水路严密封锁，飞机不断进行侦察，还有武装舰艇巡逻，每个陆上据点都有上百人把守。

不过，他们对陆地的渗透并不很远。广州周围20英里的半径范围内实际上是无人地带，中国当局已经撤离，而日本人还没有占领。

在我们经过的十几个村庄中，人们都在热烈地讨论着两个问题：第一，日本人来了，怎么办；第二，如何对付蜂拥而来的难民。

距离广州不远的佛山郊区，布满一条一英里长街道的武装民兵把小股日军赶回了火车站。

解决难民问题的典型做法是：给他们一顿饭，把他们送走。

穿着蓝色制服的村自卫队员背着武装带，挎着步枪或手枪，检查来往行人和保卫家园。这个人数不多的组织很有效率，但是，同外界完全隔绝，又缺乏协调。距离广州只有10英里的一些村庄的居民不相信日本人真的进了广州城。甚至那些在佛山打退过日军的人也坚持认为，他们打退的只是打着日本旗帜的汉奸。

这个地区似乎没有中国军队。只是在一个村庄里有一个分布很广的组织。那里有数十名沉默寡言的、学生模样的年轻人，他们对我们的所见所闻很感兴趣，似乎在计划把农村地区分散的抗日力量组织起来并加以领导。但他们似乎也怀疑广州城是否那么快就已被日军占领，路过的难民都是在日军进城前逃出来的，所以也不能对此加以证实。

途中，日本飞机在我们租用的舢板船附近扔了几颗炸弹，他们似乎对任何移动的东西都疑神疑鬼。有一次，日本的巡逻艇在离我们只有10码远的地方开过，没有发现在草席船棚下蹲着的我们这两个外国人。

我们随身带着两支勃朗宁45式手枪，这是美国军舰在斯科特的请求下借给我们的防身用品。如果我们想用这些武器对付日本人，那我们就该倒霉了。

最后，由于困难重重，我们不得不溜回广州，在沙面英国租界内的维多利亚饭店这个安全避难所栖身。从那里，我作为旅客登上了美孚石油公司的汽艇前往香港。

我随身带了两个大洋铁桶，里面装着在广州出版的全套《救亡日报》，这是报社编辑托付给我的，他们到香港后，我就送还给了他们。这就是我对广州的中国爱国知识分子的最后一次效劳。

说到广州沦陷前十分高涨的群众爱国热情时，我要特别介绍一下宋庆龄的两次广州之行，因为她不仅使全城受到鼓舞，而且我同她的会见成为我自己以后整个生涯和活动的分水岭。

我在广州停留期间，具有高度原则性、受人尊敬而气质高贵、风度优雅的宋庆龄两次来到广州。她是"中华民国国父"孙中山的遗孀。她在民族和国家生死存亡的关键时刻亲临广州，是有深刻意义的，因为她在中国的两个重要时期都曾在这个城市生活和工作过。一次是孙中山领导辛亥革命推翻了中国古老的君主制以后，继续努力保持革命的势头；另一次是准备进行1924—1927年反对帝国主义和封建军阀的大革命的时候。

她于1938年8月访问广州时，我没有见到她。但是，我通过合众社发表了她的一篇讲话。这篇讲话明确地表达了她的一些主要观点。她说：

12年来我第一次重返广州，为的是亲自看看广州人民抵抗日本野蛮轰炸的英勇精神。中国的力量蕴藏于人民之中。日本在中国发动的战争是全面的侵略战争——不分军民，所以我们惟一有效的对策是进行全民抗战。没有全民总动员，中国是无法取胜的。但是，甚至在日本发动侵华战争一年以后，这一点仍然没有被充分了解。许多官员倾向于更多地依靠外国的力量……当国际局势似乎变得不利于我们时（如德国承认了日本在中国东北一手扶植起来的傀儡政权"满洲国"，还谣传英国和日本进行谈判），他们便绝望地说，一切都完了。当有迹象表明，日本将入侵华南，从而同英国发生矛盾，或者日本在中苏边界向苏联挑衅时，他们便说："外国现在一定要进行干预了，我们得救了。"这是一种半殖民地弱国的心态，他们只能仰仗别国才能生存下来。这表明，他们对自己人民的力量缺乏信心。其实，只有人民的力量才能——而且必将——挽救中国……我们能在多大程度上动员自己的人力物力，将决定我们的胜败。这并不是说，我们不希望得到外援。我们对给予我们的一切援助，都深表感谢。

对于美国人民，我要说几句话：你们是同情中国的。但是，在前线杀死我们战士的子弹和落在广州手无寸铁的平民身上的炸弹是用美国的废铁制造的。日本的经济依赖着美国。这些事实应当向美国人民说清楚。

她接着像有先见之明似地说道：

今天，日本的飞机是用你们的石油飞来轰炸我们的。明天，日本的飞机将飞临菲律宾和夏威夷的上空。你们正在建立一支海军来对付外来的威胁，而这种威胁却正是不计后果的美国商界帮助造成的。

她接着提出了这样一个问题：对此，美国人民打算怎么办呢？在宋庆龄发表这次谈话两年半之后就发生了珍珠港事变。

我第一次同宋庆龄见面，是在她最后一次访问广州的时候。那是9月18日，即日本1931年侵占中国东北三省的国耻纪念日。"九一八"七年以后的广州，在这一天表现出了大无畏的精神。人民群众的勇气简直令人难以置信。日本飞机从海岸到广州，只需要一刻钟的时间。然而，成千上万的广州市民打着火把在夜晚的街道上游行示威。

苗条端庄、容光焕发的宋庆龄神态自若地走在游行队伍的最前列。虽然她的名声早就铭刻在我的脑海里，但我亲眼领略她的风采，这还是第一次。她给我留下了不可磨灭的印象。

在后来的24小时内，我们就见面交谈了。宋庆龄认识一批中外人士，她把他们召集在一起，谴责日本野蛮轰炸的行径。她邀请我们组成了她在香港建立的"保卫中国同盟"广州分部。保卫中国同盟的任务是动员外国友人提供医药等方面的物资来支持中国的武装抗日斗争，特别是极为有效的游击战。游击战士们从敌人手中收复了许多领土。由于我报道了广州人民的苦难和斗争，我也被吸收到"保盟"广州分部中。在此之前，她已知道我经常给《中国呼声》写稿。《中国呼声》是她在上海主办的英文版爱国杂志。

大约一天以后，宋庆龄欢送印度国大党医疗队上前线，她邀请我参加了这一活动。这支医疗队是尼赫鲁组织的，宋庆龄同尼赫鲁保持着友好的通信联系。在这支医疗队中，有年轻勇敢的柯棣华大夫。柯棣华接替了加拿大医生白求恩的工作，后来也牺牲在自己的工作岗位上。

"保盟"广州分部还来不及正式开始工作，广州就沦陷了。但是，我同宋庆龄、同保卫中国同盟和她的其他事业的工作关系持续了40多年，并且成为我以后生活中的决定性因素。最后，我应她的要求，在她身后撰写了她的传记。1981年，在临终前夕，她被尊为中华人民共和国名誉主席。

不过，那是很久以后的事了。这里，我们还是回到1938年底，在广州陷落以后，我便前往香港了。

第七章

History Should Not Be Forgotten

抗战中的宋庆龄

日本占领广州后，我第一阶段的战地报道工作画上了一个句号，因为我一到香港，合众社就把我解雇了。在香港，我在宋庆龄领导下工作了一年多，帮助她宣传并争取全世界支持中国的事业。

这个变动成为我一生中的分水岭。香港是英国100年前在鸦片战争中从中国夺得的一块"直辖殖民地"，它表面上显得很平静，不同于战火纷飞的中国内地。它的建筑物大多是19世纪维多利亚时代的风格，不同于第二次世界大战后冒出来的钢筋混凝土和大玻璃窗所形成的"丛林"。行政机关和金融机构的房子都是砖石结构，代表着不列颠老大帝国的威严和财力。但即使是这些建筑物也只有四五层高。

山坡上耸立着一座座供殖民地官员和中国富豪居住的孟加拉式平房，周围种着繁茂的亚热带植物，有高大的榕树，也有开红花的攀缘灌木丛。沿着港湾是主要的商业大街，使人恍如置身于伦敦。有许多狭窄的街道从这些商业大街辐射开来，那里挤满了小店铺，还有货郎和民间艺人沿街叫卖或做生意，像华南许多城市世世代代的景象一样。在这些繁华表象的后面是贫民窟和棚户区，那里是辛勤劳作的贫苦大众的栖息之地。

香港辖区内的居民95%是中国人，然而他们却没有法律上的地位。连外国人，甚至普通的英国人——如果不属于文官或军队系统，也没有法律上的地位。这里没有民选的机构，一切权威来自英国任命的总督。不过，这里居民（绝大部分是中国人和许多战时难民）的政治倾向倒是反映了内地的民意。总之，香港的殖民地体制同中国内地的生死搏斗相互依存着。更为重要的是，当时香港是惟一剩下来的中国同外界联系的通道。

为什么合众社把我解雇，而不是派往别的地方呢？原因是多方面的。在广州和武汉相继沦陷后，合众社似乎认为，中国的抵抗会逐渐消沉下来，所以它减少了派驻在中国战线的记者，而派驻在日本的记者则没有减少，它估计重要的新闻将出在那里。同样不可忽视的是，日本的报纸是合众社在亚洲的主要订户。而且合众社远东的最高主管——东京分社经理迈尔斯·沃恩据说购买了大量日本债券。要裁员的话，还有谁比我更适合成为被裁对象呢？我"太亲华"了，不适宜在日本占领区工作。同时，解雇我代价比较小，因为我是在当地雇佣的，没有订立雇佣合同，所以我无权提出关于解雇费、遣返旅费以及美国本国雇员所享受的其他许多优惠的要求。

对我来说，同合众社分手实际上不是工作的终结而是工作的开始。因为宋庆龄很快就请我参加了设在香港的保卫中国同盟中央委员会。我的任务是编辑它的英文出版物。虽然这是无报酬的义务工作，却成为我留在香港的主要因素。此后不久，我在当地的一家日报谋得一份差事，借以糊口。

为什么宋庆龄不在别处，而是在香港创办保卫中国同盟？这是因为遭受战火蹂躏的中国内地受到了双重封锁。一重封锁是由于日本侵略者控制了海岸线。另一重正在发展的封锁是蒋介石政府禁止向中国共产党领导的抗日力量和根据地供应物资，甚至医疗用品也不让供应，同时压制报道他们在军事上和政治上取得的种种胜利和成就。保卫中国同盟的任务是打破这两种封锁，保证任何一方都不至于被不公正地剥夺通向外界并使外界听到它的声音的权利。而香港——当时仍能同世界大部分地区联系——则是发挥这一作用的最好"窗口"。宋庆龄跟周恩来商量后，决定赴港并协助把香港变成一条同外界联系的渠道，以便取得全世界反法西斯力量和海外华侨的支持，其目的是加强国共两党的统一战线和全国人民的抗日斗争。

　　宋庆龄是一位彻底的爱国主义者，也是一位忠诚奉献的革命家。现在回想起来，应当说，宋庆龄在中国抵抗日本侵略的过程中发挥的作用是至关重要的。当此中华民族生死存亡之际，她深深认识到，在全国范围内实行团结抗战并战胜侵略者，是首要的大事。没有这一点，就不能够实现孙中山的理想与事业，更谈不上继续前进和进一步发展了。中国共产党号召全国人民紧急团结起来，武装抗日，她的观点与此完全一致，并坚决支持这一主张。在整个抗日斗争中，她是一位热心和忠诚的积极分子，一个辉煌的标志。她无畏而不懈地参加民族救亡运动，对全国广大爱国人民产生了巨大的影响。与此同时，她积极投入并领导了救国运动，并创立了保卫中国同盟，努力争取国共团结共建民族大业。在她身上，坚定不移的原则精神同争取最为广泛的统一战线，是融为一体的。她一方面坚决反对反动势力与投降主义，一方面深切热爱爱国战士和人民群众。同时，爱国主义和国际主义一起贯穿于宋庆龄的政治生活与活动之中。她帮助中国人民提高国际主义觉悟，并且帮助国外有识之士了解中国对于整个人类的进步事业与反法西斯斗争的重要性。在动员最广泛的国际人士支援中国人民进行奋斗的工作中，她孜孜不倦，不屈不挠。为了中国人民的解放事业，她在世界各地众多的社会阶层中广泛地结交朋友。她不仅朋友遍天下，而且开创了多种渠道，以利于运送物资来支援中国人民的斗争。更可贵的是，她从来不爱出头露面。她自己清醒地认识到并且提醒别人，是人民群众创造了历史。她总是想方设法，宣扬人民的最深切利益和他们的愿望。这是她在中国与世界的社会舆论中获得崇高威望的"秘密"之一。

　　宋庆龄由于她的经历、她的坚定的原则性和磁石般的个人魅力，不可替代地成为她在香港开创的这一事业的支柱和灵魂。她作为孙中山夫人、作为中国共和革命创始领袖的遗孀，受到全世界的尊敬。同样的，她以对中国团结进步的爱国事业的一贯忠诚、纯洁的思想、不受腐蚀的廉洁正直的品德而闻名于世。她的热诚使她能广交中外朋友并能团结不同观点的人为共同的事业而奋斗。她堪称世界著名的有影响的人物之一。

历史不应忘记

1938年,宋庆龄和她领导的保卫中国同盟中央委员会成员在香港合影。左起:爱泼斯坦、邓文钊、廖梦醒、宋庆龄、法朗斯、克拉克、廖承志。

同时,她又非常谦虚,即使是年轻人和地位不高的人,同她在一起时一点也不感到拘束。

我们在香港的保卫中国同盟委员会,人数不多,但却充满朝气。宋庆龄那时只有45岁,我们大家把她当作慈母一般看待。30岁的廖承志作为中共及其抗日武装力量驻香港的代表,发挥着重要的作用。其他成员都是二三十岁的人。我的年龄最小,刚过23岁。在宋庆龄和这个人数不多的核心周围,团结了一大批各色各样的志愿人员,在她的威信的感召下,他们随时听从她的召唤。

保卫中国同盟和它的支持者在政治上得到了国外的广泛赞助,特别是在它成立的头两年更是如此。宋庆龄请她的弟弟宋子文担任"保盟"

的第一任会长。宋子文是国民党的高级官员，也是蒋介石的内弟。在美国，"援助中国委员会"是通过"保盟"送交捐款的，这个委员会的名誉主席是罗斯福总统的母亲。

宋庆龄处理同"保盟"同事们的关系，非常民主。虽然她是全国和全世界的名人，但她平等待人。不论什么工作，包括在办公室用打字机打信和救济物资的打包托运，她都跟大伙儿一起干。在她主持的会议上，大家不论在她发言之前还是之后，都可以畅所欲言。这是由于大家的立场是一致的，即爱国主义和国际主义。中国籍的成员把自己为祖国的生存而战看成是世界人民反压迫和反侵略斗争的一部分，而外国籍的成员则把支持中国人民的抗日斗争看成是全世界反法西斯事业的一部分。

我在这里援引一件小事，作为反映宋庆龄风度的一个插曲。事情虽小，但我觉得颇有意义，让我永志不忘。

在香港，我同唐纳德·艾伦同住一个小公寓。艾伦是一名教师，也是20多岁，他志愿为帮助"保盟""工合"和其他反法西斯事业做些事情。有一次，我们请宋庆龄来我们住处共进由我们亲自动手做的午餐，她欣然答应，我们高兴极了。但接着，我们慌张起来，因为我们发现没有桌布，于是只好临时用一条干净的床罩代替。席间，我们一边吃，一边谈论"保盟"和别的事情。饭后，她表示感谢，接着又逗趣地问道："你们中间哪一位睡在这条床罩下面？告诉我，我才走。"我们在欢乐的笑声中送走了她。她这位世界名人、大无畏战士就是这样同年轻人有说有笑、和谐相处的。

在1939年至1940年，"保盟"的工作发展很快，它同国外的许多进步的援华组织建立了联系。这些援华组织是由同情中国的外国人和华侨组成的——对这些外国人和华侨来说，宋庆龄代表着原则和正义。捐款和救济物资从世界各地源源而来。海员们也在他们的同伴中募集捐款，送到我们的办公地点，并把我们的宣传品成捆地带去散发。每一笔捐赠的现款和物资，不管数额大小，宋庆龄都在收据上签名。

那时向中国大陆运输物资还是有可能的。货车队和救护车是通过当时法国控制的越南进入中国的。敌后游击区的战地医院是按照白求恩大夫所定的模式建立的。经反法西斯的"国际和平运动"批准，这些医院被命名为"国际和平医院"。为了照顾孤儿和父母上前线的儿童,建立了许多托儿所和幼儿园。"保盟"有关这些儿童的宣传,不是用伤感和怜悯的语调,而是充满健康向上的气势——必须帮助这些孩子成长为他们父辈为之奋斗的新中国的建设者。

在国民党地区的援助计划,包括建立中国红十字会医疗队。在国民党地区和共产党地区,都开展"中国工业合作运动"的活动。"工合"运动把工人(特别是来自敌占区的工人)组织起来,成立自主、自管、自养的生产单位,为许多地区生产日用必需品,以满足消费者的需要,有的也生产军需品,如军毯。在游击区还生产一些武器。这些合作社是由一个国际团体组织的,其成员有中国的爱国人士和外国友人。在外国友人中,包括斯诺夫妇和新西兰人路易·艾黎。斯诺夫妇为"工合"运动做了大量国际宣传工作。路易·艾黎则在基层进行了不倦的工作。宋庆龄赞扬合作社这种经济形式,认为它体现了孙中山的民生主义,因而同意担任在香港设立的中国工业合作协会国际委员会名誉主席,主持了它的许多活动。

"保盟"在香港多次组织募捐和义卖活动。认捐的既有生意兴隆的企业,也有普通的劳动人民;既有中国人,也有外国人。他们都慕宋庆龄之名而来(人们更多地称她"孙夫人")。她是既不可或缺,也无可替代的人物。她虽然从不隐讳自己的左翼观点,但由于她的威望是如此之高,香港总督罗富国(杰弗里·诺思科特勋爵)也不得不来参加她所主持的活动。

在汪精卫叛变时,宋庆龄和她的两个姊妹孔祥熙夫人和蒋介石夫人多年来第一次聚集在一起,从 1940 年 3 月 31 日开始,联袂访问重庆,以显示团结抗战,反对汪精卫的投降。这件事在中国政坛引起了广泛注意。

在同一时期,由于"保盟"在钱款方面绝对廉洁自律,声誉远扬,所以蒋介石夫人领导的全国性组织"伤兵之友社"委托"保盟"对它在香港开展的捐款活动进行审计。保卫中国同盟在香港发挥了多方面的积极影响,从以上所述可见一斑。

在 1939 年至 1940 年,香港本身也受到了压力。英国驻华大使拜访宋庆龄,劝她不要发表政治性言论,尤其不要批评国民党当局(这不是

1942年至1944年，爱泼斯坦在重庆继续支持宋庆龄领导的保卫中国同盟的工作，同时从事新闻报道。图为1944年爱泼斯坦（前右一）与陈家康（前左一，周恩来的助手）、茅盾（前左三）、王安娜（前左四）、章汉夫（后右一），及美国记者（后排左起）休·迪恩、格雷厄姆·佩克、杰克·贝尔登等在重庆外国记者招待所。

大使本人的意思，他是执行英国政府的指示）。实际上，在此之前和以后，香港政府一直小心翼翼地避免激怒东京。在香港的中文报纸上，不允许公然提及日本的侵略和战争暴行。为了英国帝国的利益，中文出版物上不能把香港人叫做中国人，而只能称为华人。香港的审查官们禁止公映真实报道抗日战争的电影，例如，保卫中国同盟未能获准放映伊文思在采访台儿庄时拍摄的第一手纪录片《四万万人民》。

我在"保盟"的工作重心是关注中国的政治形势和战局。我在当地一家报纸的工作虽然也是为中国的利益服务，但却处于香港长期保存下来的那种殖民地氛围之中。事情的来龙去脉是这样的：宋庆龄知道我需要一份有报酬的工作，便请她丈夫以前的贴身保镖莫里斯·科恩想想办法，替我找一份差事，最好是在新闻界。莫里斯·科恩的中文名字叫马坤，外号"双枪将军"，他对香港的情况相当熟悉。他果然为我找到一份工作,给《香港每日新闻》当编辑。这是香港历史最为悠久的报纸,始创于19世纪50年代,几十年来颇有影响,后来由于财政拮据,把部分所有权卖给国民党,转而为中国的抗日事业效劳。在内部纷争不已的情况下,它在业务上急需一个新的编辑。在宋庆龄的推荐下,我去应聘了。

接着,报社的国民党负责人俞鸿钧找我面谈。俞鸿钧曾经当过上海市市长。在香港,他是为报社提供经费的国民党"中央信托局"的负责人。他毕业于美国密歇根大学,讲一口流利的英语,态度谦和。他自己也当过记者,后来在宋庆龄的姐姐(孔祥熙夫人)和妹妹(蒋介石夫人)的关照下进入官场。他似乎对我的新闻工作经历感到满意,也不在乎我比较年轻。尽管他并不喜欢抗日统一战线,但还不至于拒绝宋庆龄这样一个左派的推荐。最重要的是,我是站在中国一边的。同样不可忽视的是,我愿意接受比其他与之竞争的英语报纸编辑要低得多的薪水。

不久,我就成了编辑部的负责人,最后居然当上了主编。

尽管有种种不利条件,我们毕竟对《香港每日新闻》下了些功夫,也并非完全没有效果。我们的社论(有许多是我写的)往往直言不讳,一针见血,有时会引起人们的注意。

我们谴责日本继续侵略中国,批评西方(尤其是英国)在1939年欧洲战争爆发以前,特别是其后还对日本采取绥靖主义。

当汪精卫叛国集团在南京建立亲日的傀儡政府时,我们不仅严厉抨击了他公然卖国的行径,而且揭露了他企图把中国的民族战争变成看上去像是内战的阴谋,以掩盖外国侵略的本质,使得其他国家可以表面上保持中立,实际上给予汪精卫政权以交战一方的地位,就像当年对待西班牙的佛朗哥那样。同样,我们也痛斥了日本首相近卫文麿突然诱降的阴谋。日本的这一举措同汪精卫在日本授意下要同蒋介石和解的表示相配合。针对这些阴谋活动,我们呼吁支持蒋介石反对投降主义的立场。

尽管《香港每日新闻》是国民党拥有的,我还是设法在社论里偶尔提及共产党领导的游击战,还列举了已建立的敌后抗日根据地。这在香港英文报纸的评论中是罕见的,虽然它们的新闻报道中偶尔也会提及。

关于从日军占领区传出的一些歪曲中国局势的报道,我们同路透社上海分社展开了笔战,指斥他们把一些谣言当作事实。

我们始终呼吁外国支持中国的抗日斗争，认为这是全世界反法西斯侵略斗争的重要组成部分，在欧洲变成战场以后，也仍然没有变成"次要问题"。在这些问题上，我几乎经常在晚上跟香港《星岛日报》的编辑、进步人士金仲华通电话，所以我们两家报纸的社论调门儿往往是一致的。

我在"保盟"的朋友柳无垢不厌其烦地把《香港每日新闻》的社论都剪下来，贴在剪报簿里。这些剪报簿经过半个世纪的风风雨雨仍然奇迹般地保存在我的手上。现在翻阅起来，不胜怀旧之感，它们反映出我年轻时的精力是何等充沛。当年在报社的工作很紧张，每天从黄昏一直忙到深夜，但丝毫不觉疲倦，还有时间做许多其他工作。除了为"保盟"做宣传工作外，我还为"工合"香港促进委员会编辑了一两本宣传小册子。我的第一本书《人民之战》也终于完成，它讲述了我所看到的中国头两年抗日战争的情况，由伦敦的维克多·高兰茨出版社出版。斯诺的《红星照耀中国》也是由该社出版的。《人民之战》问世后，引起了广泛的评论，总的来说，评价是好的。

宋庆龄称赞它"不同于其他外国人写的关于中国抗战的著作，因为它是第一手的分析性报道，并把目前的斗争同过去的历史和对未来的展望联系了起来"。

斯诺说它"是一本极好的战争新闻，对中国所希望达到的目标充满同情和理解"。

现在我自己回过头来看看，这些赞美之词是不敢当的。但对于一个年轻记者来说，这也算是一次鼓励。那时我写作的速度也非常快，最后40页是开了一个夜车，在打字机上敲出来的。

此外，我还在廖承志的主持下，从事中共文件英文译本的编辑改稿工作。廖承志的父亲是在美国旧金山出生的、国民党早期的革命烈士廖仲恺，母亲是很有才能而又勇敢坚定的何香凝（她也是国民党元老）。1938年至1941年，他是八路军驻香港办事处的负责人，并且是"保盟"的一个主要成员。廖承志非常活跃，讨人喜欢。他多才多艺，懂多种外语。他的中文和日文都很好（他生于日本，在那里上过学），英文也不错（他早年居住在香港），还略懂其他一些外语。生活的磨练使他成了一个坚强的革命者。1925年，当他还是一个十来岁的中学生的时候，他同他的

历史不应忘记

1980年,宋庆龄亲切会见老朋友爱泼斯坦和他的夫人邱茉莉。

姐姐廖梦醒一起参加了广州的反帝大游行。这次游行遭到英法租界内两国军队的机枪扫射,这就是历史上的"沙面大惨案"。在1926年父亲遭到反动派暗杀后,他加入了共产党,先后在日本的中国留学生和德国汉堡国际海员俱乐部的中国海员中间从事革命活动。后来,他回到上海,被蒋介石的特务逮捕,生命危在旦夕,幸而由他的母亲出面营救了出来。他偷偷溜出上海,参加了红军长征。

那时,朋友们给廖承志起了个外号,叫他"肥仔"。他擅长绘画,他的漫画富有想象力。他性情随和,又很健谈,总是那么悠然自得。在这种随和的外表下,包藏着一颗钢铁般的心,这是经过前前后后许多烈火的锤炼铸造成的。有一次,我同他一起乘坐一辆出租车,我关车门的时候,不小心挤破了他的拇指,皮开肉绽,血流不止。他一声不吭,用手帕包扎起来。我连声道歉,他挥挥手,依然笑容满面。其实他伤得不轻,因为几星期后,他的指甲周围仍然青一块紫一块的,他却再也没提起过这件事。我一直在想,他是一个长征干部,什么打击和苦难都经历过了,这点小事的确算不了什么。

廖承志交给我们翻译的文件是延安精选出来，要在国际上发布的，其中包括毛泽东的经典性长篇论著《论持久战》（原来是一次演讲）。这篇论文概述了抗日战争可能经历的几个阶段和应当采取的战略，后来的事态发展果然不出其所料。这是一部条理清晰、有说服力的杰作，既说明了同时也促进了事态的发展。另一些文件论述了国共两党摩擦的发展和危险。

来自延安的这些文件和其他一些文件在香港翻译出版后，有时从本港，有时从马尼拉发往世界各地。当地参加翻译的人中，有年轻的作家叶君健，他后来成了著名的小说家。和我一起参加英文改稿的，还有跟我同住的唐纳德·艾伦。艾伦参与创建"保盟"广州分会，广州陷落后，他也来到了香港。后来我才知道他是美国共产党党员。这在当时并不奇怪，因为那时美共正处于鼎盛时期，约有 10 万党员，影响极大。

正是在香港的这段时间，我开始给《纽约时报》投稿，论述中国的新文学艺术。这些文章发表在该报的"图书评论版"。又过了一些年，我开始给《纽约时报》写关于中国解放区的第一手报道系列，这在该报是第一次。

廖承志组织我们翻译政治文件的工作是由周恩来直接领导的。从 1939 年起，在国共两党团结抗日的曲折斗争时期，周恩来领导着在国民党陪都重庆的中共军政代表团，同时兼任中共华南局书记。

当时的重庆是中国的政治中心，所有的外国大使馆都集中在这里。周恩来作为中共在这个地区的最高代表，实际上起着党的外交部长的作用。10 年以后，当中华人民共和国成立时，他担任了总理兼外交部长。

同样的，我们为之工作的那些出版物可以被认为有助于促使新中国第一批外语对外宣传书刊的诞生。

1940 年春末，我在香港的第一次居留结束了。我的一位老朋友、新西兰作家和记者贝特兰接管了《保卫中国同盟新闻通讯》的编务。艾伦等人仍然在那里帮助做翻译工作。

至于《香港每日新闻》的那份差事，原来不过是权宜之计，我根本不想在英国的这块殖民地上长期担任它的主编。所以我决定去重庆。

最重要的是，我同中国内地隔绝的时间太长了，我渴望回去。

第八章

History Should Not Be Forgotten

华北人民的抵抗

  这时候，中国有许多新的事实证明它的力量。

  但是华北的情况怎样呢？敌后广大地区的情况怎样呢？侵略者是否把华北变得对他们有利？当地的人民是否在抵抗他们的控制？他们是如何进行抵抗的？当日本认真地巩固其对所占领土的控制时，游击队顶得住日本的军事、经济和政治上的压力吗？

  这些问题极其重要。虽然战争爆发以来，日本碰到了许多困难，但它的军队毕竟前进了，占领了中国那些最富饶、生产力最发达的地区，它的工商人员也开始随着军队进来了。游击队呢？它们之所以能够生存下去，大概是因为日本的主力军忙于别的事情。一些游击战正在走向正规化和计划化。即使如此，它能够顶得住日本人吗？即使游击队不打扰老百姓，即使老百姓恨死了日本人，但他们会永远容忍自己的田地作为战场，自己的村庄成为废墟吗？不管现在的政权多么压迫他们，他们不是也必须收割庄稼，到市场上去卖自己的粮食吗？城镇的集市不是控制在日本人的手里吗？继续乱下去，农民就会饿死。农民是否会终于同意即使当亡国奴，也要建立什么秩序呢？

  1938年初，我们这些在汉口（武汉的一部分）的外国记者还不知道如何回答这些问题。中国政府发言人也不知道该如何回答。如果有人问他们，中国是如何进行抗战的，他们会谈到中国军队的新战术、关于动员民众的命令、敌占区人民对压迫者的仇恨以及敌人

历史不应忘记

的运输线不断遭到游击队的袭击。只要继续追问下去，就会发现他们对游击战和人民觉醒的力量实际上是没有信心的。他们认为自己是在打一场英勇的殊死战，多少带点赌博的性质，关键在于耗尽日本的力量。如何支撑中国，以免在此之前垮下来呢？他们考虑的是得到更多的武器、更多的军队和更多的外国援助。"日本生逢其时。"在希特勒承认"满洲国"以后，中国外交部的一个官员垂头丧气地对我说。

3月份，美国海军情报处的海军陆战队官员卡尔森上尉广泛视察华北的游击战后回到了汉口。卡尔森上尉是一个很有毅力的人，尽忠职守。他在山西和河北西北部八路军和其他部队那里待了三个月。在此期间，他同游击队一起走了1000英里，深入敌后，走到距离北平只有150英里的地方。他的所见所闻，使他作为一个军人和作为一个人，深受启发和感动。卡尔森上尉是一个老军人，曾在尼加拉瓜打过游击。现在，他第一次看到武装起来的群众。他回到汉口，有许多感想，带来许多事实和图片。他不能把自己的见闻秘而不宣。他发现了一个新的世界，那里的人民在被"征服"以后起来进行反击。他认为，极其重要的是，所有从事报道和宣传中国抗战的人都应当了解他的发现。

"我是三个月以前去山西的，因为我听说那里的打法不同于正规的打法，我很想亲自去见识见识。同时，我还想去调查研究一下从事这种战争的经济、社会条件。"日本人在占领区的控制是否受到了中国人的有效挑战？通过这个过程，人民群众在多大程度上被"赤化"了？卡尔森似乎想求得这些问题的答案。

卡尔森在蒋委员长的批准下，动身去华北了。他必须通过八路军活动的地区，受到其领导人的欢迎。"我发现八路军的将领们都是忠于中央政府的。统一战线运转得很好，八路军、山西军和中央军充分合作，这使我感到意外。"

朱德对卡尔森说，敌后中国政权有效地发挥着作用。这位上尉立即要求去看看。他被允许前往，但首先得签署一个文件，声明如果他发生什么意外，八路军概不负责。

"《时代》杂志说，日本人控制了以北平为中心的周围700英里以内的所有领土，"他对我们说，"但是，我走到距离北平150英里以内的地方,仍然在中国人民的手中。我穿过了日本人控制的同蒲、正太两条铁路线。我亲自看到,同蒲、正太、平汉、平绥四条铁路线以内的所有地盘也都在中国人民的手里。除此以外,游击队还控制了平汉路以东河北省中部的17个县。在五台山,我看到了学校、医院、工厂和无线电台,有关政治和政策性问题还是通过电台向汉口请示。"

"所到之处,"卡尔森上尉说,"人们都各干各的事。身体健康的人都接受军训,然后分别到正规军、游击队或人民自卫团工作。每个县都有动员委员会,由县长领导。正规军和游击队都穿制服,他们经常袭击敌人。不穿制服的人民自卫团在城镇巡逻,检查过往行人的证件。在田间耕作的农民也会突然盘查过往的陌生人,查看他们的证件。侦探或汉奸是无法进入这个地区的。"

在河北,这位上尉看到了群众和游击队是如何共同打击敌人的。一队日本人朝镇上走来。游击队截住他们,打了起来,群众赶快把所有的食品都搬走。等敌人进入镇子,已经空空如也,什么吃的也搞不到。在这个时候,游击队又包围了镇子。日本人不得不饿着肚子打回自己的基地去,结果遭受了许多损失。卡尔森说:"这件事说明,当军民携手合作时,会产生什么结果。"

华北的游击战不仅仅是偶尔对日本驻军进行袭击,而且还从根据地对日本人发动有计划的进攻。根据地已拥有42个县、500万人口。1月10日,卡尔森参加了晋察冀边区政府成立大会,政府所在地是五台山。这个政府是按照统一战线的原则建立的,其成员包括国民党、共产党人士、八路军和其他军队的将领。其任务是"以军事力量打击敌人,并在经济上、政治上同他们进行竞争"。生产粮食的土地面积大大增加了,而为日本工业服务的棉花的种植则受到严格的限制。实施了一项以实现这个地区自给自足为目标的全面经济计划。普遍实行了减租减息减税。政府是按民主原则组建的。人民之所以起来打日本人,不仅因为不愿做亡国奴,而且因为他们现在的生活比过去任何时候都好。他们不仅是保卫战争以前拥有的东西,而且是保卫他们在抗战过程中得到的东西。即使日本当局答应让他们过上以前的生活,也不能满足他们的要求了。在边区政府的领导下,他们的日子比过去好多了。这就是"政治上、经济

历史不应忘记

上竞赛"的含义，这也是军事抵抗的基础。

在这个基础上，一支人民的军队建立了。这支军队是卡尔森前所未见的。他起初对之感到惊异，后来佩服得五体投地，最后赞不绝口："所有的服役都是志愿的，"他对我们说，"纪律是建立在自觉自愿的基础上的，同时也由于共同认识到并接受抗战和每个军事行动的宗旨而感到有义务这么做。官兵之间没有什么鸿沟。他们不叫'军官和士兵'，而叫'干部和战士'。战士之所以打仗，是因为他们接受了充分的思想教育，知道是保卫大家的共同幸福。官兵之间充满信任。每次战役之前都举行会议，详细解释和讨论这次军事行动的目的和性质、每个人承担的任务以及可能出现的问题。仗打完以后，充分分析胜败的原因和它同抗战的总目标的关系。表现出色的战士被送到五台山的游击干部学院深造，那里已有430名学员。"

给卡尔森留下最深刻印象的，是这种体制取得了辉煌的战果。他对我们说，这些战士经过最严格的体力训练，认识到每个人做出最大努力的重要性，因而变得非常坚强，他们往往完成似乎是不可能的事情。有一天，他参加的那支部队行军43英里，爬过了8个山头，每人还携带着35磅的装备。最令人惊讶的，是他们打仗的办法，他们伤亡的人数只占敌人伤亡人数的十分之一。1938年1月6日，卡尔森目睹了中国战士摧毁30辆日本卡车和缴获大批武器装备的情景。中国人用步枪和手榴弹对敌人发动突然袭击，打死打伤40个日本人，而游击队仅死伤4人。游击队根据人民群众提供的情况准确掌握敌人的行踪，然后发动突然袭击，往往获得大胜，而自己方面则无任何伤亡或只有极少伤亡。卡尔森在五台山看到了被缴获的日军的大量武器、装备和食品。"我们在那里的时候，每天吃的全是日本兵的口粮。"他说。

这不是宣传，而是一个有训练的军事观察家冷静的报道。"在看了游击队的活动情况后，我可以肯定地说，由于日本侵略而被割裂的地区，对中国来说并未失去，"卡尔森说，"晋察冀边区的新根据地证明自己有能力抵抗大规模的进攻。1937年12月日本人曾派了8路纵队大举进攻，结果全都被迫撤退。这样的人民，日本人是征服不了的。日本人像一个人在大海中挣扎一样。"

八路军第115师在山西击毁的敌汽车

此后不久,美联社记者汉森先生首次到河北中部的游击区采访。他在《亚细亚》杂志上发表的文章中,谈到他亲眼看到一支游击队,"每行四排,长达一英里"。河北的一些县由吕正操的军队防守,吕正操是边区政府执行委员会的成员。在这些县里,汉森参观了一些制造步枪、手榴弹、刺刀、大刀、迫击炮和弹药的兵工厂。修理厂修理着缴获来的汽车和卡车。无线电台同五台山和汉口保持着联系。1500个村子的布告栏里张贴着游击队出版的报纸。边区共出版了17份这样的报纸。汉森还说,所有这一切都是在群众的支持下办起来的。游击队告诉人民,抗日战争同争取改善生活的斗争是一致的。"地租减少了25%,"他写道,"所有债务都推迟三年偿付。从战区逃到这个红色地区的所有难民都可以得到土地和粮食。这些土地是逃往北平的地主留下的。共产党保证这些土地仍归原主所有,但在战争期间则有权使用这些不动产。"这些难民来到这个地区时,惊魂未定,垂头丧气,处于半饥饿状态。游击队从他们中间吸收了一些人,这些人后来成为最勇敢的志愿战士。

汉森先生使用"红色分子"和"红色地区"这样的字眼,实际上是不准确的。他在这篇文章以及以后的一些文章中都谈到，游击队的军事、政治领导机构是根据统一战线的原则建立起来的，既有北平的学生、东北义勇军和八路军官兵，也有从人民群众中涌现出来的新的领导人，他们平等地互相合作。冀中地区的总司令吕正操以前是东北军的军官。各级官员是普选产生的。国民党和共产党都有自己的公开组织，两党在各个方面共同工作。宣传工作是由统一战线进行的。汉森估计边区人口约有500万。汉森在两三个月以后写文章时，又说有700万。他援引一个政工人员的话说，其中有200万人在一次短期的宣传运动后，积极参加了宣传工作或自卫活动。群众运动"造就了自己的领导人"。

　　汉森先生也提到，游击队通常总是以极小的代价打败日本人，伤亡人数仅占敌人伤亡人数的十分之一。一位政工人员向他解释了其中的原因：这是由于游击队熟悉当地的情况并得到人民群众的支持。这使他们可以了解敌人的行踪，可以选择最有利的时机出击，并充分发挥突然袭击这种战术的威力。他说："我们希望我们的损失不会超过敌人的十分之一……博野之战，我们牺牲了17人，但只杀死了60多个日本人，由于这个失误，我们的一个干部受到总部的严厉批评。"对他的话，汉森先生起初是持怀疑态度的，但后来他相信了，因为他在吕正操的司令部看到了成堆被缴获的日本武器，许多游击队员配备的都是日本的枪支。

　　这里援引的两位美国观察家都认为，华北的游击队运动是政治、经济、社会、教育进步的一个因素。在抗日的过程中建立了民主政权。在敌占区诞生了崭新的中国政府，它是彻底按照统一战线的原则建立的，贯彻执行了孙中山在《三民主义》中所提出的民族主义、民权主义和民生主义的纲领。

　　在抗日的烽火中，边区人民不仅想方设法抗击日本人，而且建立了一个强大的军事根据地，把斗争扩大到其他地区。自从这个根据地建立以来，它就不断扩大。他们不仅建立了一个强大的军事根据地，而且得到了民主自治的权利，从而结束了世世代代官府滥用职权的现象。这种民主自治不仅是增强军事力量的泉源，而且减轻了农民的经济负担。过去，沉重的经济负担压得晋察冀地区的农民喘不过气来，陷入贫穷和被奴役的深渊。过去受压迫的男女现在挺直腰板走路，积极争取建立一个

华北人民的抵抗

被游击队攻克的日军碉堡

民主的新中国，使自己过上更加富裕的新生活。他们是在进行抗战的同时争取这一切的。他们全力以赴地保卫国家、收复失地。晋察冀边区已成为保卫华北几省的中华民族主权的战斗堡垒。以后，中国军队很可能以此为根据地，进而收复北平和天津，收复华北的失地，收复东北富饶的田野和森林。

但是，这一切是如何产生的？这种令人惊异的新民主是如何建立的？它的力量源泉在哪里？怎样保证它不致在下一次扫荡中被消灭呢？

为了回答这些问题，需要扼要地回顾一下晋察冀边区的历史和组织情况。这个边区至少拥有 70 个县、1200 万人口。

1937 年 7 月，当抗日战争的第一枪在卢沟桥打响时，中国红军驻扎在晋西的云阳。得到日本人又入侵的消息后，指战员们立即行动起来。他们马上改组军队，以便适应它将要面对的新形势。他们进行了长期的讨论，研究采取什么样的战略来对付敌人。8 月底，红军改名为八路军，受第二战区司令长官阎锡山的指挥。它奉命立即东进。其主力开向晋东北，其先头部队挺进察哈尔和河北西北部。朱德总司令的临时司令部设在五台山。

八路军的领导人知道，他们迟早是要转移到别处的。他们也知道，五台山和晋东北的整个地区具有重要的军事价值。在战略上，它们控制着周围的平原。如果日本人夺取这个地区并保持下来，他们就可以比较容易地巩固他们对山西和河北的控制。反过来说，如果这些山区掌握在中国人的手里，它们就可以作为根据地，供游击队进行广泛的活动，并最终发动大规模攻势，把日本人赶出华北。

考虑到这些情况，政治部决定在这里建立一个巩固的抗日根据地。他们没有建造马奇诺防线，不是因为他们不想建造，而是因为中国太穷了，没有东西去建造。他们没有部署大炮，因为他们没有这玩意儿。"用我们的血肉筑成我们新的长城"，就像《义勇军进行曲》中唱的。这是对的。在革命斗争中，不可摧毁的堡垒是可以依靠人民的力量建造起来的。在有经验的老资格组织家聂荣臻的领导下，军队的政工人员开始建造这样的"长城"了。

第一步，他们改组了县政府。当战争在 1937 年 9 月打到晋东北时，许多县长都逃跑了。另一些县长，年纪太大，没有效率，不适应战地工作。他们都被新的、进步的人士取代了。但是，有一些县长，如五台山县长孙晓文，则是积极抗日的。他们保留原职，后来成为边区政府中的重要人物。当边区政府建立时，国民党人士孙晓文当选为主席。

可以留用的人员都被派到群众中做宣传鼓动工作。这是十分艰难的工作。晋北人民可能是华北最落后、受压迫最厉害的。他们在不毛之地上勉强维持生计，还不得不把他们收割的一点点粮食大部分交给封建地主和高利贷者。他们受尽压迫、没精打采、充满怀疑。当政工人员召集他们开会，鼓励他们吐苦水，提出自己的要求时，他们颤抖地站起来，在讲话以前先问道："如果我们讲错话，是不是要受惩罚或罚款？"他们对穿制服的人总是敬畏地称作"先生"或"老爷"。无情压迫的气氛是如此令人窒息，它扼杀了以前来这个地方的任何可能的改革者的主动精神。政工人员在一个村庄发现一个地主的儿子，他1935年曾经积极地参加了北平学生的抗日大示威。他们想请他当宣传员。但是，在家待的两年已经毁了他，他像一潭死水一样消沉了。

工作、工作、再工作。组织者们逐村召开会议，发表演说，劝说、动员农民，鼓励他们站起来，说出自己心里的话。新的县长们也不是坐在自己舒适的办公室里，而是走到群众中去，做宣传、组织工作。

一个汉奸被抓住了。他被带到各处游街示众，讲他干的坏事，然后举行公开审判。这样一来，农民就懂得了奸细一词的含义和汉奸的危险性。人民群众参加了审判。他们开始注意周围的情况，发现了许多被敌人派来在他们中间挑拨离间的特务。

散兵游勇和逃兵大量涌入这个地区。组织人员把他们召集在一起，开导他们，问道："如果你们继续游荡，靠抢东西维持生活，不去打敌人，你们将落得怎样的下场？"这些人都参加了这些会议，他们对军人的义务有了新的看法，感到对不起人民。接着，这些散兵游勇组成了新的部队。

新的县长被选举出来了。人民第一次有权决定管理他们事务的领导人。他们开始懂得了民主的含义，今后他们的公共事务要由自己来安排。他们思考着、担心着，认识到这种新权利的重要性，最后极其认真地投了一票。

  人民群众害怕日本人来了，会产生什么后果。必须向他们说明，日本人并不那么厉害，他们是可能被打败的。早在平型关战役时，八路军就把武器发给农民，他们帮助军队打了个大胜仗。一小批战士把日本人赶出繁峙，带回了许多战利品。一些勇敢的农民自愿参加了这次袭击，回来后向自己的同伴讲了前后经过。惧怕日本人的心理减少了。

  组织村民是按下列步骤进行的。首先，政工人员调查居民的生活情况。接着，他们鼓励农民采取集体行动，要求减租减息。所有的地租减少了25%。晋东北流行着一种不公正的高利贷制度，借债利息一年翻一番，两年翻两番，以此类推，结果使得许多劳动人民终生成了债务的奴隶。即使每年还清了原来的债务，他们在奴隶的地位中仍然越陷越深。现在明文规定，年利不得超过10%。这简直是一场革命。执行这种新规定的办法也是革命化的。虽然减租减息的命令是由上级作出的，但这些命令的执行权不掌握在官员手中，而掌握在新诞生的农民组织手里。农民监督地主和高利贷者索取的地租和利息不得超出规定的标准，如果他们抗拒，农会将使他们就范。政府第一次成为农民自己的政府，他们要求过美好生活的权利得到政府的大力支持。当时还没有进行土地革命，地主的财产受到保护，高利贷者可以保留其金钱。但是他们的巨大财富第一次使他们不能垄断权力。他们不再能够滥用自己的经济地位。农民一度是他们的受害者，而现在，正是农民起来监督他们奉公守法。

  这样，八路军就用事实表明了它同人民站在一起。人民群众组织起来后甩掉了自己身上的负担，并深深体会到只有组织起来，才能做到这一点。只是在完成这些工作之后，八路军才要求人民群众组织起来，保卫国家。群众懂得，保卫国家，就是保卫自己的土地。在这里，他们终于有了自己的权利，第一次可以作为人、作为公民过一种体面的生活。他们纷纷涌向八路军新成立的军事组织，并带去自己的武器，这些武器是他们不久前在附近的许多战场上捡到，谨慎地保存在自己家里的。每个村庄都组织了自卫团，由25岁到45岁的男性公民组成。18岁至25岁的年轻人被训练为游击队员。同自卫团不一样，游击队可以调离家乡。最能干、最热情的游击队员可以自愿参加正规军。这是一个很大的荣誉，许多人争着去当正规军。

以前，县政府、村政府前的布告栏上总是张贴关于新税收的命令和失踪人员的通告，从来没有人读。但是现在，布告栏前经常围着许多人，有的亲自读着，有的听人群中识字的人读着布告栏上的内容，那里有关于如何改善自己生活的建议、军队作战的新闻和动员会议的通知。晋东北人民第一次说"我们的政府""我们的军队"和"我们的地区"了。

1937年10月底发生了一个巨大的变化。八路军在晋东北待了仅一个月后，就奉命南下保卫太原。它离开了，在五台山只留下聂荣臻和一些政工人员，整个地区只有一支人数不多的军事力量，其中包括一个步兵团和一个步兵营、一个辎重团和一个骑兵营。"这就是我们开展工作的资本，"当时在那里的一位中国报纸记者写道，"而我们的工作任务是巨大的，这就是在敌后创建一个永久性的大根据地。"

10月27日，在山西省中国最高指挥部的批准下，在五台山建立了晋察冀边区军区司令部，由聂荣臻任司令员。

12天以后，即11月8日，沿正太路南下的日军占领了山西省会太原。新的分战区和其他中国军队之间的一切联系都被割断了。这个战区现在完全处在敌后。日本人宣布，他们要"扫荡"全省所有的游击队根据地。为此，他们整编了他们的部队。

八路军在这个地区只驻扎了一个月稍多一点的时间。在这个不长的时间里，他们完成了组织群众的巨大工作。人民把这支军队看作是不可战胜的力量支柱。现在，军队走了，群众只有依靠自己的力量了。日本人进攻的威胁像暴风雨前的乌云一样笼罩在地平线上。

这对聂荣臻和他的政工人员是一个严峻的挑战。他们不得不在空前困难的条件下组成一个集体，来抵抗日本人正在准备的打击。这个地区的群众惊慌起来。"我们没有军队，"他们说，"赤手空拳怎么行呢？"战区司令部回答说："组织起来，自己保卫自己！"但是，谁来教给他们这样做呢？聂荣臻的政治部，工作人员少得可怜，而这项工作必须在数百个村庄进行。所以，留下来的每一个八路军战士都成为宣传员和组织者。上自司令员，下至赶毛驴的运输战士，都到村里去开展工作。他们的任务不是待在那里，一头扎进工作中去，不能让群众离不开他们。

他们必须激发群众自己的主动性，使他自己组织起来保卫自己。八路军的指战员们知道，如果他们能做到这一点，仗就可以打赢。当群众自己行动起来时，事情就好办了，他们有无穷的力量、主动精神和智慧，这是由上级建立的组织所不可能有的，因为由上面下命令建立的组织里，工作是由少数人做的，而真正的群众运动则把数十万群众的最大力量拧成一股绳。"只要相信人民群众，理解他们的需要，就没有办不成的事情。"八路军的战士说。

县里，整个行政机关都逃跑了，因此不得不临时建立新的机关，它与边区司令部同时发展起来。留下来的两位老县长孙晓文和吴运魁担负了领导工作。

电报电话局的职工也逃跑了，通讯工作已经中断。

汉奸和懦夫到处散布这样的话："干嘛我们要被屠杀呢？如果我们投降日本人，我们可以像以前一样过日子。不错，我们现在过得是比往日好了，但是如果我们死去，那还有什么意义呢？"在五台山和定襄，有两个新成立的游击队就这样被瓦解了。这个倾向，使组织者们不得不与之斗争。

在这种情况下，边区司令部颁布了一个口号，决定了工作的性质。这个口号是："加强和扩大晋察冀边区。"扩大？现在的战士连保卫已有的地盘都不够。"是的，要扩大，"政工人员对持怀疑态度的人说，"游击队像一条鱼，它需要很大的地盘来自由地活动，需要群众的海洋来维持自己的生存。"组织者深入河北的敌后。一到那里，就传来令人鼓舞的成果。那里的人民，不像山西那样，没有最黑暗的封建压迫的包袱。同时，那里有农民起义的传统。10年以前，在大革命时期，那里的农民运动就声势浩大。现在那里已经自发地组织了许多游击队。

在八路军离开晋东北一个月后，日本人发动了进攻。在卢沟桥事变以前，他们用8000人的部队就控制了整个华北。现在，他们为了对付新的边区，派了2万人。他们用骑兵、炮兵、飞机、坦克组成的强大纵队从八个方向包围边区。日本的强大攻势持续了两个月，最后以失败而告终，不得不撤退。当这次战役结束时，朱德在1938年1月底作了这样的分析：

"打了许多仗。虽然敌人取得了一些胜利,但这些地区的大部分城市和乡村仍然掌握在我们手里。在这次战役中,日本人至少死了3000人。我们的游击队缴获了大批军用物资和许多战地无线电台。我们的损失较小。那些见过日本人、目睹他们暴行的人民最坚决地进行抵抗……在所有的战斗中,我们勇敢的战士们在广大地区分散活动,坚持了斗争。他们成功地拖住了大批敌人,分散了他们的力量,使日本侵略军无法作为一个整体来作战。而在战斗中,我们则可以把许多游击队的活动联系起来。经过这次战役,这个地区的中国政府更加巩固了,群众对它的巨大信任进一步加强了。最后,这些战斗还证明,游击战不仅在山区,而且在平原地区也是可以打赢的。总之,一支军队只要懂得如何同人民合作,

八路军发起的"百团大战"给侵华日军以沉重打击。图为八路军的部分战利品。

即使处于孤立无援的地位，也是消灭不了的。"

为什么能够做到这一点？《新华日报》的记者对边区作了很好的报道，从而说明了边区领导人和人民从日本的攻势中得出的结论："我们上了一课。我们知道敌人是绝对不会放过我们的。如果我们不做好准备，我们就会被消灭。"

12月26日，在日本的攻势处于高潮的时候，分战区司令部召开了一次会议。它认为，这个地区将来的存亡，首先取决于武装保卫者人数的增加；其次取决于已经组织起来的军队的加强训练。1938年1月初，在战事初次平静的时候，所有的游击队都到冀西的阜平接受了训练。9月前后，第一次出现了八路军的飞虎队。他们组织了许多游击队，对平汉路沿线的敌人进行骚扰。现在，这些部队都被调集到一起。独立的游击队也到阜平进行改组和加强自己。对战士进行强化教育，以使他们懂得作战的目的和采用什么方法才能最有效地进行战斗。纪律也加强了。各地都建立了政治部。已经建立的政治部从八路军那里吸收了一些有经验的组织者，从而进一步得到加强。还在边区的每个县都建立了军事部和锄奸部。当局下令，地方政府和所有军事单位的账目都应当公开，随时接受战士和群众代表的审查。

会议是在这样的口号下进行的：不仅要巩固，而且要扩大边区。司令部认为，扩大边区，是很重要的。如果这个根据地扩大了，人民就会更加信任它。从军事上来说，一块大的地盘比弹丸之地更容易运用灵活机动的突袭战术来加以保卫。

边区司令部得到中央指挥部的授权，把敌后活动的抗日力量统一起来。

他们邀请河北的其他所有游击队组织前来阜平。第一个来的是吕正操。吕正操控制了17个县。他是一位能干的爱国人士，但他遇到了很大的困难，这些困难不仅来自于日本人，而且来自于内部的政治问题。在冀中有许多土匪和汉奸。乡绅组织了"联防团"，在各村都有支队（地主民团的残余）。他们的口号不是抗日，而是保卫自己的村庄不受外来的侵犯。在客观上，他们是不会庇护游击队的，而日本人来了，他们的分散武装也是无法进行有效抵抗的。因此，"联防团"是抗日的一个障碍。

游击队把地雷埋在公路上,伏击日军。

吕正操有效地打击了土匪,但在对付地主的自卫武装方面碰到了很大的困难。边区司令部借给他一些政治组织人员。他们到冀中后,实行了他们曾在山西搞过的那些经济改革。像在山西一样,这些改革是发动农民自己实施的。冀中人民一致忠于抗日斗争和边区政府,乡绅们看到社会秩序进一步稳定和有效的抗日自卫力量日益发展,便同新的形势妥协。其中许多人积极支持了抗日军队。

从阜平会议至 1938 年夏季这段时间,各地军队的给养是由县政府和群众组织提供的。当地政府提供粮食和一部分税款,妇女给部队缝制服装和鞋(在冀中的一个县,妇女救国会在六个月里做了 17000 双布鞋)。强迫征调是不许可的。随着中央权力的加强,部队的给养和供应由边区政府的一个专门部门负责。这个部门收购当地生产的棉布,交给专业工厂去染色和做制服。政府按照一定的价格从群众中收购枪支弹药和可作军事用途的废铜烂铁。需要补给品的部队向有关部门提出清单,即可得到所需物品。

驻在村里的军队必须遵守下列规定:

历史不应忘记

1．进村时，部队的干部或代表必须把进村的意图告诉村长，并报告准备由村里安顿的人员、马匹数目。只有谈妥这些事项后，部队才能进村。不过，除非有特殊理由，否则，村长不能拒绝安顿部队。

2．游击队必须特别注意不要打扰住户。应尽可能住在公共建筑物，如庙宇和学校内。村里应使这些建筑物适宜于居住。如果游击队非住民宅不行，则应固定若干家。非指定的民宅不得进入。

3．游击队不得强迫村民卖给他们食品或衣服，如果村民不愿意的话。

4．马匹的饲料，必须按边区政府规定的价格购买。游击队不得擅自压价。

这些条例实际上也是人民的权利，而以前在军队面前，人民是无权利可言的。

此外，如果村里任务繁重，如收割季节，游击队必须给以帮助。还要求他们随时随地向人民群众表明愿意提供帮助。

由此可见，抗日游击队的发展不仅没有加重农民的负担，而且会减轻或去掉他们已有的负担。

由于各地不断需要新的游击队指挥员和组织人员，于是在五台山建立了军政学院，每三个月就可以培养500人。第一期主要培训大中专学生，其中许多人是从北平、天津逃来的。也有一些来自游击队的战士，他们到这里接受特殊培训。这个学校是按照军事原则组建起来的。学生分成一些学习小组，其中既有水平高的，也有水平低的，都按照一定的学习计划进修。较快掌握那些原则的人帮助那些在学习上有困难的人。他们每天上课四小时，然后分小组温习功课和进行讨论。最重要的课程有：《游击队的政治工作》《中国国民革命问题》《游击战术》和《军事学基础知识》。军事课同野战操练结合起来，宗旨是理论和实践的完全统一。他们采取了一种新的教学法，先是由教员讲课，紧接着就实际运用所学到的知识。在运用中有缺点，就给以批评，再重复一遍。"学习—实践，再学习—再实践，直到没有任何错误，完全理解为止。"教官对这个制度作了如此阐述。第三个月的课程几乎完全用于实践。其间，学员露宿野外，演习作战方法：摧毁敌人的交通线、快速前进和撤退、联合行动和夜袭。由学员负责参谋和指挥工作，并尽可能创造一种实战的条件。在政治组织方面也有许多野外作业。在学员的生活中，强调健康、纪律、自我批评和合作精神。三个月结业后，学员们立即参加前方的游击队。

前线是以往一切工作和学习的试金石。日本人企图消灭新的抗日根据地，他们的野心一刻也没有停止。边区经受住了这个考验。它不仅击退了敌人的进攻，而且不断发动反攻。它的防御办法，就是不断袭击敌人的薄弱环节。随着时间的推移和它自身组织的完善，当战局的发展需要在敌后拖住大批日军时，它也主动出击。

在日军的第一次"扫荡"期间，游击队沿正太铁路发动了反攻。游击队和农民们在夜间摧毁了许多段铁路线。一座铁路桥被炸毁了。著名的中德合营井陉煤矿的工人们在1937年12月两次把日本人赶出他们的城镇，向全世界显示了煤矿游击队传统的艰苦卓绝精神和英雄气概，就像苏联远东的苏申斯克矿工曾经打击日本干涉者和西班牙奥斯图里亚斯工人打击法西斯干涉者一样。武装起来的农民多次遏制并摧毁在公路上行驶的日本摩托化部队。12月23日，一队日军企图消灭集结在平汉路和正太路交汇点上的游击队，他们经过两天的激烈战斗，重新占领了一个小镇。但他们发现这个城镇空空如也，所有的门窗都被用砖砌死了。当日本人的先头部队在空荡荡的街道上蹒跚而行的时候，游击队从山上反攻下来，打了他们个措手不及。敌人意识到上了圈套，便在占领这个城镇两个小时后急忙撤退。他们离开前企图放火烧掉房子。但他们发现很难做到这一点，因为房子的木头部分都用砖和灰泥封了起来。只有一些草棚被烧掉了。据目击者说，几天以后，群众回去了，镇上的生活立即恢复正常。而游击队紧追敌人，把他们赶到石家庄的城门口。石家庄是一个交通枢纽、日本人在这个地区的主要基地。

1938年2月初，当中日双方的大军在豫北平汉铁路沿线交战的时候，晋南的中国军队对敌人的右翼发动了反攻。游击队同八路军并肩战斗，夺取了铁路沿线的四个重要火车站，割断了日军先头部队同其基地之间的联系。2月9日，新乐、定县、清风店和望都被夺回来了，日本守军不是被歼，就是被俘。有20英里铁路线被拆毁。河北的重镇保定被包围了。这些活动使敌人大伤脑筋，消耗了他们的人力和物力，开始危及

历史不应忘记

民兵把土炮抬到山顶上。

敌人的主要作战行动。

为了对付这种威胁,日本人在保定和石家庄集结了12000人来迫使游击队退出车站。3月4日,他们使用机械化部队和飞机,对边区发动了新的进攻。边区的游击队证明,在人民群众的支援下,采取恰当的战术,防守和进攻并用,即使在冀西平原地带,游击战也是能够打赢的。在迫使敌人退出阜平后,他们继续不断地骚扰敌人。

在3月3日克复代县后,游击队捉到一个有名的战俘——傀儡省政府委员王怀。这个汉奸经过审判,被判处死刑。

日本人想重新占领涞源,沿着易县—涞源公路建一条由碉堡、大炮、飞机基地组成的堡垒带,从而把边区割裂为二。但这个计划失败了。

这次战役是经过周密的准备后才发动的。在这个战役的过程中,日本人建立了许多堡垒和食品补给基地,以使他们能够在占领地区站稳脚跟。六天之内打了四仗,日本人如期攻占了涞源。但是,游击队不断袭击敌人的侧翼,使之不得安宁。两周之内,敌人损失了1000人。4月

14日，涞源重新回到游击队的手中。

　　3月底至4月初，临沂和台儿庄大战的时候，这里的游击队发动了总进攻，以破坏敌人的运输线，拖住尽可能多的敌人，减少徐州前线的压力。他们把敌人赶出了涞源。与此同时，吕正操的部队向河间、高阳、安国、大城、献县和日军阵地发动进攻，日本人在这些地方守卫着冀中、冀南和平汉铁路。4月8日，吕正操的部队收复了安国，从此它一直掌握在中国人手里。日军在那里驻扎的机械化部队撤退到了定县。这支部队4月9日攻下了高阳，4月11日夺回了大城和献县，24日收复了河间，从而胜利地完成了这次战役。在这次军事行动中缴获了数百支步枪、数十挺机枪和几门大炮。

　　4月28日，当中国部队打到绥远的一个城镇时，驻守该地的伪满军队派代表出城迎接。"我们已经杀死了我们的军官。"他们报告说，并请游击队进城。

　　外国通讯社从北京发出的消息说，日本人败给游击队；没有一个伪县长敢到自己的县城去；日本人训练出来的军队大批投奔游击队的情况越来越多。这些消息证实了我们在汉口听到的情况：伪军开小差的事情层出不穷，他们成连、成团地倒戈，有时甚至上万人的队伍投诚。

　　不难看出，汉奸军队为什么不愿意打自己的同胞，因为其中许多人是被强迫当伪军的。他们之所以恨日本人，是很容易理解的。但是令人惊讶的是，他们没有解散回家，而是继续团结在一起，保持战斗力，立即成为游击队的有效力量。

　　怎么会产生这种情况呢？我询问了八路军驻汉口的代表博古，他对边区的情况是非常了解的。

　　"这是因为游击队采取了正确的政策，"他说，"当一个部队投诚过来时，他们不是解散它，而是把它的成员个别地吸收到游击队中，这可以加速对各个人的思想教育。但这种做法会使得其他伪军司令不让他们的人投诚。为了使伪军没有任何顾虑，游击队让伪军的整个编制（包括军官和士兵）去后方接受短期培训，然后把他们的整个部队派到前方。当然，他们必须遵守边区的规章制度，因为他们已成为边区军队的一部分。为了保证这一点以及同其他部队的联系和协调配合，八路军和五台山训练中心向各个投诚部队派了政委。"

"如果企图马上让这些人接受新思想或新的组织形式,那对我们的事业是有害的。"他最后说,"人家投诚过来,其本身就是政治上向前迈进了一大步。抗日斗争将使他们受到进一步的教育。这个做法是正确的,这已被华北各省取得的成功所证实。正是由于采取了这样的办法,河北省迅速地变成了第二个山西,伪军不断瓦解,敌后受到严重的威胁。敌人两次扫荡的结果是,边区军队以前只在一块不大的地盘上活动,而现在已是兵临北平城下了。"

在整个华北占领区,日本人的计划失败了,日军遭到了沉重打击。由于游击队不断发动突然袭击和不停地进行破坏,日本人的补给品受到很大损失。

群众对敌人的破坏有多大,具有什么意义?在这方面各界民众是如何配合的?对此,前面提到的汉森先生作了很好的报道。他讲到这样的事:以前曾当过化学物理教授而后来在冀中司令部任职的一些人想出办法,让农民和游击队去破坏日本人的火车。缺乏炸药,是游击队最头痛的事,即使他们在短期内控制了一段铁路,也无法炸掉桥梁、隧道等重要工程。所以这些教授们想出了一些新办法。他们告诉游击队,在铁轨拐弯的地方把道钉拔掉。当载重的火车行驶到这里时,轨道就松开了,火车就会冲上路基而翻车。清理失事地点,需要好多天的时间。日本人对付的办法是:派空车走在载重车的前面,慢慢行驶,察看是否拔掉了道钉。于是游击队又想出了新招儿,他们拔掉了铁道钉,换上木头的,并涂上一层跟原来的铁道钉一样的颜色,让敌人看不出来。当轻载的火车走过时,这些木道钉承受得了,不会出问题。但是当重载火车驶过时,木道钉就会被压断,于是又出事了。清理现场,又需要时日。汉森说,在三个月内北平以南平汉线上就发生了 30 起出轨事件。

据汉森说,在保定附近,数百名农民每周两个夜间去破坏铁路。一个晚上,他们可以拆掉 10 截轨道,砍掉 28 根电话线杆。为了恢复线路,日本人不得不换新的,据汉森估计,一年下来就使日本人大受损失。这就是破坏组的成果。在冀中吕正操司令部,汉森先生获悉,政工人员计划在村民中组织数百个这样的小组,这些村民白天是勤劳的农民,晚上

在敌占区,老百姓掀翻铁轨,切断日军的补给线。

是战斗的游击队员。

  日本人试图用恐怖手段来制止破坏铁路的现象。像在东北一样,他们让每个村庄负责一段铁路,命令农民在夜间巡逻。这些农民反而帮助破坏组来扒路轨,然后跑到日军那里,说游击队把他们赶跑了。等到日军赶来时,已经太晚了。日本人明白这是农民在捣鬼。他们为了进行野蛮的报复,焚烧了许多村庄,枪杀了数百名农民。但是,路轨继续被扒掉,火车继续脱轨。每"绥靖"一个地区,就有10个新的麻烦中心出现。

  中国人是在自己的国家,他们的人数成百万成千万,他们满怀信心地走在自己的国土上。在成百万的人群中,谁能说出某人是农民,某人是伪装的游击队员呢?日本人怎能知道,某个农村究竟是平安无事,还是正在计划明天袭击日本驻军呢?没有人会告诉他们,因为谁能知道一个小村子的几千人抽烟袋时在谈论着什么呢?日本人毕竟是少数,是外来人,是敌人。他们的一举一动都被群众看在眼里,报告给了游击队。这些没姓没名的、身材高大的河北农民,长的样子都差不多,日本人把他们当作牲口,用机关枪扫射他们。这些农民现在有了自己的政府、自己的军队,而且他们自己就是政府,就是军队。当最平静的时候,在似

历史不应忘记

乎最不可能出事的地方，迅速的报复常常降落在分散的日军岗哨头上。日本人派遣执行其命令的伪官员往往暴卒。日本人企图用恐怖武力征服的乌合之众现在成了钢铁般的有组织的力量，同他们进行不屈不挠的斗争。在日本人看来，中国人似乎仍然是乌合之众，只不过变得更加神秘莫测和可怕而已。但人民群众自己知道并没有什么神秘之处。他们学会了为自己的利益而斗争。他们在终生居住的农舍里，晚上执行司令部悄悄下达的命令，深夜进行闪电般的袭击。司令部的命令表达了千百万人的决心。日本人可以用火与刺刀烧毁房屋，刺死数以百计的男女老少。但他们摧毁不了华北人民意识到自己力量的新觉悟。现在的国家比过去更属于他们自己了，他们为她而满怀信心地战斗。

在整个占领区，日本人的统治摇摇欲坠。中国的军队部分地撤退了。但有许多部队留下来，同人民群众并肩战斗。群众已经掌握了斗争的战术，纷纷加入新军队的行列。日本人只控制了从鄂尔多斯到出海口的黄河沿岸。但在他们的战线后面，山西仍然是中国人的，河北正很快地掌握在中国人之手。中国的武装力量正通过日本人早就控制了的察哈尔南部和冀东，向着热河，向着东北挺进。

1938年7月，边区政府决定用进攻敌人和扩大边区领土的办法来纪念抗日战争爆发一周年。由于7月份的进攻，边区政府的权威扩大到了整个河北，远及东北边界。它的游击队实际上进入了热河南部的"满洲国"领域。从天津或北平走两三个小时的路程，就可以进入游击区。日本人占领的城市好像一些孤立的小岛，处在中国人掌握的广大领土的汪洋大海之中。外国记者把这个消息传遍了全世界。

1938年7月29日，合众社记者从北平发出了这样的报道：

"这个城市仍然重兵把守。城门不时关闭，进出的行人要被搜查。今天是通州起义的一周年。广泛流传着这样的消息：在北平周围有许多游击队，更使人相信，进攻就在眼前。在北平的南城可以听到爆炸声。

"日本人向通州派了许多军队，那里的几个城门经常关闭。今天，各县准备祭奠在那次暴动中被杀死的人。但是，由于游击队的活动，大部分县长离开了岗位，因此很难一致举行这样的活动。"

外国报界同一天还发出另一条消息：

"合众社北平7月29日电：北平以东三英里的一个小村，有一个最富有的村民，曾被强盗绑架两次，索要赎金，他请求日本驻军给以保护。27名日军立即赶赴现场，用迫击炮轰击该村，把三分之二的房屋夷为平地，但他们获悉，强盗早已逃之夭夭。这个富人后悔不该要求保护。"

现在，这个富人准备参加抗日统一战线，整个华北的富人和穷人都参加了。像他们一样，他也不再要求日本人的保护了。冀东人民受日本人的"保护"已经五年了。1938年8月，日本人发现必须保护他们自己了。"在通州以东北平通往天津的公路上，为了对付游击队，日本人动用了六辆坦克和一些野战炮。"路透社记者8月7日根据外国人目击的情况报道说。路透社的另一条消息解释了为什么在华北"平静祥和的天堂"还需要动用坦克和野战炮："人们证实，7月份日本人派了15000名伪军去西山镇压游击队，不料竟一去不复还，他们杀死日本军官，投奔游击队了。"

路透社9月8日报道，由一位中将率领的一个师的日军从日本来到中国，专门对付平津地区的游击队。日本人曾经以一个旅的兵力控制整个华北，后来吹牛说，用一个师就可以征服全中国。现在新派的这个师，据日本发言人说，"是由年轻力壮的第一流军人组成的"，装备精良，本来是用于对付俄国人的，不得不派到中国来。但是，这支增援侵华日军的令人生畏的兵力不是开往中国前线，长江一带的中国军队不会感受到它的压力，它是来"被征服的"华北天堂的。"在此期间，"路透社写道，"日本人出钱雇用的保安团开小差的越来越多，大大增加了游击队的人数。秦皇岛和山海关之间的那段铁路被切断了。""山海关是长城的入海口，位于另一个天堂'满洲国'的边界，所以日本人很着急。据可靠的消息，在冀中和冀南，有一大批伪军向正定、保定的游击队投诚。他们是领了8月份工资以后倒戈的。"聪明的伪军！倒霉的日本天皇日益枯竭的国库！

日军的将领们认为，惟一可做的一件事，是认真地、一劳永逸地解决这个问题，消灭这些匪徒。这就需要增加新的师，增加东京的预算赤字，而中国人民将遭受更大的苦难。进攻哪里？五台山——边区政府所在地、抗日学院的所在地。日本人经常说这个学院有5000名学员，

历史不应忘记

其实它一期的学员从来没有超过500人。由此可见,日本人多么重视它。

10月和11月,日本人不停地进攻五台山。对日本人来说,这可是艰苦的两个月。他们派机械化部队,但找不到道路。边区的农民把道路犁掉,种上了庄稼,一点也看不出了。但是,瞧,有一条道路,地图上没有标出。这条路蛮不错,似乎是专为日本人修的,日本人使用它了。可是,这条"公路"通到山口,突然没有了,像条死胡同。路狭窄得要命,他们无法前进,后转又有困难。正在这时,游击队从山上冲下,用机枪扫射起来。这仅仅是一个插曲,但也能说明进攻五台山不容易。可是,日本人决心摧毁游击队的这个根据地。他们动用了许多飞机,还使用了毒瓦斯。他们占领了五台山下的五台县城。但是,这次声势浩大的进攻也被粉碎了,因为游击队和人民群众精诚团结、密切合作。这些战士们在斗争中形成了新的生活,发挥了主动精神和聪明才智,千百万人的意志和希望融合在一起,形成了"人民的铁拳"——人民战争的战术。

到11月中旬,日本的进攻已被遏制。从多方向朝五台山包围的五路大军,有两路被完全击溃,日本人伤亡逾万。游击队缴获了20辆坦克、7门山炮、2000支步枪、1万个食品罐头。中国人第一次大批俘虏敌人,不是个别人,而是整个编制。这主要是因为每个游击队员都学会了几句日本话,如:"日本兄弟,放下武器吧!""我们不会伤害你,而要送你回家!""中国人和日本人不应互相残杀!"一年以前在平型关,日军残部打到最后一个人,怎么也不肯投降,因为他们认为,如果放下武器也是一死。八路军为了消灭这些零散的日军,比在实际战斗中伤亡还多。现在,他们用对付伪军的行之有效的那种政治攻势来对付日本人,也开始产生效果。

我们已经指出,边区政府一建立就认识到,它不仅要在军事上打击侵略者,而且要在政治上、经济上同他们进行竞争。针对伪政权,它建立了以统一战线为基础的民主制。针对日本人的残酷剥削,它改善了人民生活。针对日本人把中国人变为负担沉重的亡国奴,它打破了束缚人民群众主动精神的枷锁,充分发挥了每个人的能力和才华,把这些力量协调起来。这就构成了它正在建立的战斗的民主制度的军事、政治、经济力量之基础。

第九章

History Should Not Be Forgotten

新四军在敌后

　　当1935年中国红军从南方向遥远的西北进行万里长征时,他在福建、江西和安徽留下了一些部队。这些部队人数太少,不足以继续控制以前苏区任何重要的地盘。他们的任务是建立新的运动中心,并保持人民的革命传统。这些坚强的战士分成许多小股游击队,以几省边界一带人迹罕至的山区为根据地,使中华苏维埃的旗帜继续飘扬在中国东南和中部各省许多分散的据点上。

　　1937年的卢沟桥事变使中国人民抗日战争全面爆发。在反对入侵敌人的斗争中,共产党被正式承认为国民党的盟友。一向主张和一切武装力量共同抗日的中国红军置身于全国军事力量总司令的指挥之下,改编为八路军。在中国东南部和湖北北部的红色游击队得到命令,他们也要编入统一的中国军事系统中。于是,他们从各自的据点下来,集结在各处进行改编和训练。

　　把分成小组、战斗在长江两岸山区的15000名游击队员集中起来,是很困难的。许多地方交通不便,重新建立统一战线的消息和政府的命令传到那里,是需要时日的。在某些情况下,他们下山接受改编时,反而遭到所在省军事当局的袭击并收缴了他们的武器,因为他们不相信内战已经结束了。有些游击队长期同外界隔绝,不理解党的新路线。一直到了1938年1月,这些游击队才最后完全集中起来。根据中华民国全国军事委员会的命令,他们改编为新四军。

　　紧接着,我采访了被任命为新四军军长的叶挺将军。根据他提

历史不应忘记

供的资料,当时被改编为新四军的武装力量包括:来自闽西的2000人,来自赣南的1500人,来自湘东的1200人,来自浙闽边界的2000人,来自鄂北的4300至5000人。所有的游击队都保持过一小块苏维埃地区。

新任军长叶挺将军是1925—1927年国民革命中著名的卓越将领之一。虽然他参加的起义最后促成红军的建立,但他并不是共产党员。在中日战争爆发以前的10年中,他过着隐居生活。而担任副军长的项英,工人出身,早在1923年平汉铁路大罢工时就参加了共产党的活动,他曾当过苏维埃政府副主席。当红军开始向西北长征时,他是留在华南的最重要的共产党领导人。

我是在汉口采访叶挺将军的。具有讽刺意味的是,他的司令部设在以前日本人的住所里,地上铺着日本式稻草垫,炭火盆抵挡不了长江冬季寒气的侵袭。这位身材魁梧的广东人,脸庞丰润,生气勃勃,以勇敢过人而闻名。他在房间里踱来踱去,讲述了这支新的军事力量的性质及重要性:

"我们的人都是老战士,过惯了艰苦的生活。面对武器装备处于优势的敌人,已经习以为常了。过去这些年,他们常常挨饿,有时不得不吃草充饥。但是,不管在什么情况下,他们都同人民群众保持密切联系。这就是他们能够生存下来的秘密。

"新四军是一支在长江两岸进行游击战的流动部队。战士们正集中在这里进行训练和调整,然后开赴前线。作为一支军事力量,新四军同八路军没有任何联系。这两支军队都接受全国军事委员会的直接领导。当然,我们的许多指挥员和战士由于是共产党员而同八路军有联系。"

早春季节,偶尔可以看到这支新军的小股部队行进在汉口街头。这些战士久经风吹雨打,赤脚露膝。他们行动敏捷,像全世界的山林英雄一样迈着大步。他们穿着灰色土布军服,没带任何符号。他们边走边喊口号或唱歌。

5月初,当日军围攻安徽亳州的时候,新四军奉命在皖东的长江两岸作战。它被限制在这个地区,这是顾祝同将军管辖的第三战区,即皖东南的一小部分。长江以北的地区多山,适宜于进行游击战,而长江以南的皖南是一个大平原,水道纵横、湖泊杂陈,实在不是游击战士的用

新四军军长叶挺曾接受过爱泼斯坦的采访。

武之地。这里没有天然屏障可以隐身,平坦的地形使日军的汽艇和机械化陆上运输工具实际上可以到处畅通无阻。日军的飞机可以发现并摧毁游击队任何明显的集结活动,可以侦察到他们的根据地,进行不停的骚扰。新四军 70% 的兵力就是集中在这样一个危险的地区。它的主要基地、训练学校和医院全都建立在这里。过去一年间,它在这里每天至少同敌人交战一次。这种经常不断的战斗往往使它打到距上海、南京这些大城市不远的地方。

八路军拥有数十万兵力,主要是在它从日军手中收复的地盘活动。新四军则不同,其活动被限制在一定的地盘内,要受在他到来之前早已建立的军政当局的管辖。在华北的许多地区,八路军和自己组织起来的游击队是单独作战的。新四军则是东战区诸种军事力量中的一种。它必须接受战区司令部的命令,仰赖其财政和给养。在兵源的补充方面,它没有华北游击队那种自由。在争取群众支持方面,它不能像边区政府那样,实行民主政治改革,或下命令减租减息,减轻人民负担。新四军只能通过自己的言行,向人民表明日军是可以打败的。它教给人民提高生

历史不应忘记

产和增加收成，并为他们提供免费医疗。当租金和利息过分抬高，而地主和高利贷者又拒绝减少时，新四军便鼓励农民救国会进行抗租抗税斗争，理由是，战争的负担本应由各阶层平均承担，但富人并没有承担自己应有的份额。

访问过新四军的中国人和外国人都说，新四军通过这些活动，赢得了人民群众全心全意的支持。但这里的民主改革、群众组织、战时教育和群众参加抗日等工作，都处于较低的水平，赶不上晋察冀边区，后者在真正贯彻团结一致、共同抗日的口号方面堪称模范。

由于东战区限制民主抗日群众组织的发展，结果这里土匪猖獗，长期得不到解决。而这个问题，北方早已成功地解决了。在主要战场西移后，长江下游一带留下了大批半匪半兵的"游击团伙"。他们往往受雇于日本人，虽然偶尔也打一下日军，但经常危害人民群众。新四军认为，要取得人民的信任，必须立即着手解决这个问题。它采取行动的头几个月，对土匪和日军同时发动了一些进攻。像北方的八路军一样，它也开始采取政治手段，分化瓦解土匪，争取其下层投向人民。但是新四军在这方面几乎没有取得什么成果，主要原因是群众组织没有普遍建立起来；其次一个原因，是长江下游一带的土匪团伙并不像北方那样是一大批散兵游勇，而是由在大城市敲诈勒索的流氓领导的人数不多、组织严密的匪群。新四军在它活动的区域内迅速地镇压了或赶走了这些匪群。但在东战区的其他地区，土匪仍然猖獗。

在新四军内部，也碰到了许多困难。"我们最大的成功之处，"我首次采访叶将军一年后又见到他时，他对我说，"是我们把许多小股游击队融合成一支统一的军队。我们的战士多年来小股活动，分散作战，什么事都是大家说了算。人人都互相熟悉，计划是一块儿讨论的，实际上没有什么正式的纪律。改编为新四军后，游击队员们必须识别不同的军衔，服从他们不认得的人的命令。他们的日常生活受到严格的军事纪律的约束，这是他们以前不习惯的。大部分战士原来是农民，大规模组织的概念对他们是陌生的。在老战士中，有许多人反对这种'侵犯民主'的现象。"

"为了解决这个问题，我们全军从上到下开展了一场政治宣传和教

战斗在长江南北的新四军部分将领。右起第四（站立者）为陈毅。

育活动。政工人员向每个战士解释，从内战时期那种小规模游击战过渡到组成大规模抗日流动部队，在我国革命中是一个进步。每个战士的革命职责是使自己适应这种新的组织形式。这种方法是非常成功的。我们的纪律不是机械式的，不是独断专行的，而是建立在我们战士的民族觉悟和阶级觉悟之上的，自觉自愿遵守的。"

"不过，"他说，"还不能说我们已经完全克服了过去打游击时的那种习气，我们仍然存在问题。"

当我要求他更详细地谈谈这些问题以及准备如何解决时，叶挺望着我笑了。

"你看过《夏伯阳》这部苏联电影吗？"他说，"我们就是那么做的。"

新四军连以上的所有单位都设有政委或政治部，他们的这个制度同北方的八路军和游击队是一样的。政委是他所在部队的组织者和教育者，责任是保证这个部队成为有觉悟的、战斗的集体。他不仅有权监督战士，也有权监督司令员，作战方案都是在他参加之下作出的。他既有很大的权力，也有重大的责任。一旦定出作战方案，军事指挥员就下命令。政委对它的执行负有责任，必须带头贯彻。

著名的美国战地记者杰克·贝尔登对新四军一次典型的进攻作了这样的描写：

"连长大声发出命令。政治指导员拔出毛瑟枪喊道'跟我来！'全速冲在前头，战士们紧随其后……"

政委为什么要参加军事决策？项英本人不是军人，而是一个工人和工会组织者。他对贝尔登作了解释：

"革命者在其工作中学习的策略战略类似于军事行动中采用的战术战略，因此，一个出色的政治战略家也可以成为一个出色的军事指挥家。技术专家只是在一定的范围内工作，不可能成为一个真正的战略家。而搞政治的人可以很快地学会军事战略。不过，他必须向专家请教如何使用步兵和炮兵。

"我们是革命的军队，我们的领导人感到责任重大，急切地想尽到自己的责任，因此，我们全力以赴地完成任务。这就是为什么军事学校的毕业生不如我们能干。他们是按照作战方案行事的，成败关键在于作战方案，而不在于他们自己。"

据叶挺说，政府其他军队的军官90%出身于富裕的、有知识的家庭，而新四军的军官和政委70%是工农出身。这就是为什么新四军的指挥员和战士可以毫无困难地过同样生活的主要原因。新四军的军饷每月为1.5元至5元，官兵每日的伙食标准都是一角钱。每月可领5元军饷的，除最高级别的干部外，还有一部分在新四军宣传部门工作的日军战俘。

新四军从政府得到的财政补贴是非常有限的。"如果我们得到同别的军队同等的待遇，"叶挺说，"我们就会获得两倍于或三倍于目前的津贴。只是由于我们的军队来自劳动人民，我们还能勉强度日。政府的拨款仅够伙食费和部分装备费，政治工作、战地医院和后方医院、教育等方面的预算由我们自筹。新四军同当地行政当局没有直接联系，所以不能从其税收中得到一分钱。它的一些特殊用款必须依靠本军士兵和中外同情者的自愿捐献。这方面的捐款数目是有限的。"

新四军不征兵，来这里的都是志愿兵。有些申请者被拒绝了，其原因有三：他们来自别的军队；他们来自中央政府未授权新四军接收兵源的地区；新四军认为他们当兵不是出自抗日的真诚愿望，而是别有图谋。新兵进行彻底的身体检查后，才能入伍。如果有人被发现身体不合格，则根据他们的健康情况另行分配适当工作。

新四军教育每个战士了解抗日的目的，决不可忘记为人民而战的宗旨。

贝尔登把新四军战士守则译成了英文。他根据自己的亲眼观察，他们的确是身体力行的。三条基本守则，第一条是：抗战到底，绝不投降，绝不妥协。第二条是：服从命令。第三条是：新四军的所有战士必须像爱护自己一样爱护人民，尊重他们的利益和风俗习惯。

六项规定要求战士必须保管好自己的武器，爱护住户的家具和瓷器，守秩序、有礼貌、勤劳、干净。

实际上，新四军的守则有10条，像八路军的守则一样，也是从红军继承过来的，它规范了个人行为和人与人之间的关系。这10条守则如下：

1．离开老乡家时，把用作铺板的门放回原处，收拾好各种东西，把垫铺的草捆好，送还原主。

2．把地打扫干净。

3．说话和气，不要大喊大叫。

4．买东西，照价付钱，不讨价还价。

5．借老乡的东西，要归还。

6．损坏东西，要赔偿。

7．大小便，必须去厕所。

8．洗澡时，回避女人。

9．部队内外，随时随地进行宣传。

10．不杀俘虏。

最后一点被认为十分重要，违反者要枪决。所有战士都学会几句日语口号，以便向敌人喊话，要他们投降。这些口号的内容是：中国人民和日本人民是兄弟；日本军国主义者是我们的共同敌人；不伤害俘虏。新四军有许多日军俘虏，他们受到良好的待遇，他们的月薪和福利比许多中国军人还要多。其中一些人用日文写宣传品和信件，劝说他们的同胞不要打中国人。

我们简单地介绍了组建新四军的前后经过、它的任务、困难和训练情况。现在我们谈谈它是如何打仗的，以及它作为一支活跃的抗日游击力量成立以来所取得的成果。

新四军完成训练后，分成四个师，分别命名为团结师、前进师、勇敢师和抵抗师，于1938年4月27日离开皖西颍水根据地，开赴前线。5月10日，他们抵达南陵。5月16日，他们分成小股力量，沿南京—芜湖铁路潜越敌人防线，首次同日军遭遇。长江一带的日本驻军已经减少，因为许多兵力被调去增援徐州周围进行大的战役。日军只占领了较大的城镇，让骑兵和摩托化部队巡逻其间的公路和铁路线。当新四军渗入南京附近时，日军毫无觉察。只是当新四军的便衣人员潜入这个沦陷的首都，往墙上贴标语口号时，他们才意识到，他们对这个地区的占领受到新的严重威胁。

从5月16日起，新四军活动频繁，同敌人天天发生小规模战斗，不断向群众进行政治工作。南京和芜湖一带遭到了难以描述的破坏：日军无恶不作，致使生灵涂炭；土匪横行乡里，像恶狼一般，抢劫百姓。老乡们只求过安稳日子。他们认为，穿军服的人，不管来自何方，只会使他们遭殃。新四军花了很多时日，才使老百姓相信，它的确与众不同，它真的是来为他们而战的，并教会他们起来自卫。它不是用美丽的空话，而是用实际行动使他们信服的。当它的部队到村里时，不是吵吵嚷嚷，挥舞着武器，要食品，要住房，要劳役。它避免了军民之间经常发生的摩擦：中国士兵打仗打得筋疲力尽，进村时饥肠辘辘，而老百姓则对他们关上大门，因为群众的粮食也没多少了，不是士兵挨饿，就是他们自己饿死。新四军进村，却不一样。它先派一个不带武器的代表去同群众代表商谈，说明它要的东西是会付钱的，而且果然言而有信。当群众给指挥官送来猪、鸡等慰劳品时，竟被谢绝，这是他们料想不到的。军队吃的东西,是出钱买的。而且部队首长还请农民吃饭,请他们给队部的行为提意见。现在,老百姓是主人,新四军是对他们负责的,而且要尽到自己的责任。

新四军起初是零星地同日军交火,后来转为有计划地袭击敌人的运输线和摧毁敌人的装备。从5月到10月,它给自己确定的特殊任务是:阻挠敌人对徐州的大举进攻。我当年在写报道时,面前摆着一本油印的小册子,封面上是一幅游击队员的黑白画,这是新四军司令部发表的关于那几个月行动的正式报告。在第一页有一张统计表,介绍了新四军从1938年5月16日至9月27日的军事活动情况。这些数字是根据各个部队的报告统计出来的。这个统计表,有三点值得注意。第一点,是新四军不断地、无情地骚扰了敌人。叶挺对我说,新四军实际上每天都在打仗。统计数字证实了他的话。在统计的130天中,同敌人交火108次。

第二点,由于战斗是局限在运输线一带的小冲突,所以双方伤亡不大。新四军采取了伏击和突袭的战术,他们的伤亡比日军更少。据统计,4个月中,日军死892人,伤583人。游击队的伤亡仅为日军伤亡的1/10略多。鉴于外国军事观察家认为华北游击战的伤亡比例就是如此,那就没有理由怀疑采取同样战术的新四军取得相同的战果了。

第三点,也是最重要的一点,是关于敌人物质损失的数字。这些数字令人信服地表明,对一支现代化、机械化的军事力量采用游击战术,不仅可以造成它的人员伤亡,而且可以摧毁它的贵重装备,使它无法利用其优越的机械化力量,使这支打正规战屡屡获胜的军队无法在其占领的领土上行使有效的统治。从1938年5月至9月,新四军破坏了敌人的两列军用火车、120辆卡车和运兵车以及6艘汽艇。它炸坏了64座桥梁,扒掉了5英里多长的铁轨,破坏了50英里的公路。它缴获了1281支步枪、47000发子弹、大批钞票、许多卡车的军用物资,俘虏了590名日军和伪军。贝尔登报道说,新四军司令部军官称,到12月,单单是在长江以北就破坏了150辆卡车,而我在1939年1月采访叶挺时,他说缴获了3000支步枪。

各个部队的战果是辉煌的。例如,"团结师"7月11日至16日在南京附近破坏了9座公路桥梁。7月30日他们在高资击溃了一队日军雇

历史不应忘记

用的警察,并缴获了他们的武器;炸毁了京沪铁路的一段,致使镇江和丹阳之间的交通中断了10天。8月12日,该师直接袭击日军的堡垒时,曾经进入句容这个离南京不远的镇子。8月24日,他们到了南京以南3英里的金陵门。直到敌人派了20辆坦克来迎战,他们才撤退。次日,他们炸坏了一段公路,当日军派少数工程兵来修路时,他们又发动袭击,予以消灭。这个师后来不间断地打这里攻那里。新四军在5月到10月打了108次小战役,"团结师"占了48次。

8月,"前进师"使敌人的一列军车出轨,炸沉了一些汽艇,迫使2000名日军讨伐队退回基地,未能完成其惩罚任务。在它活动的地区,日军在铁路视线所及的范围内砍倒了所有庄稼,烧毁了所有房屋,以消除游击队袭击铁路线的一切可能性。他们枪杀了数以千计的农民,强奸了他们的妻子。"前进师"帮助这些被激怒了的老百姓组织起来,以便反击敌人。访问过新四军的外国人说,农民对他们讲了这样一些情况:"以前,两三个日本兵就可以来村里要女人。现在他们不敢来了,除非大批人马带着机关枪来。即便如此,我们也要好好收拾他们一顿。现在他们来的次数少多了。当小股日军来时,农民自卫队动用全部力量,包围他们。当日军来的人很多时,农民游击队便分成小组活动,分散敌人的注意力,使村里的群众有时间安全转移,运走所有的食品和个人的财物。"

"抵抗师"的一部分在长江北岸活动。9月15日,它在安庆—合肥公路上炸毁了许多日本坦克。第二天,它又截住了一大队运输补给品的卡车,毁坏了其中的40辆。由于新四军破坏了安庆—合肥、合肥—黄梅的公路运输线,进攻汉口的日军不得不把其右翼的攻势推迟好几个星期。新四军后勤部门的一位高级军官在后来访问香港时,对新四军在长江下游一带9个月的活动作了这样的总结:

"首先,有了一支强大的、组织严密的军队,随时准备打击日军防务薄弱的环节,从而迫使侵略者不得不在交通沿线和战略要地部署大量兵力,这些兵力本来会沿浙赣铁路西进的。其次,随着我军活动的扩大,当地村镇居民被加以训练,组成自卫队,采取调查户口等措施,使敌特、汉奸无法来这些地区进行侦察。此外,当地人民全力支持抗日斗争。如果乡绅和财主投靠日本人，就会失去对当地的领导权。由此可见，虽然这个地区被日军占领，但在政治上，它并不巩固。第三，新四军还担负起领导群众发展文教卫生事业的任务。各师的政治部保证提高人民的文化水平，建立学校、扫除文盲的工作蓬勃开展起来，大大超过往年。新四军医疗系统不仅为伤病员建立医院，还促进群众保健事业的发展。

"如果群众愚昧无知、消极被动，在这样的地区，游击队是无法有效地开展活动的。提高广大群众的文化水平，就是加强战斗力。这样，最后胜利才有依靠。最后，我们的战士勇敢无畏地坚持斗争，不顾长期生活贫困和艰难险阻，不断打击侵略者，取得胜利，这深深赢得了附近地区友军的钦佩。我们缔造了一支模范的军队，使其他军队也可以得到鼓舞，从而有助于提高他们的战斗力。这种'竞赛'和对比的价值是难以估量的。"

新四军确实是一支统一战线的军队。它的富有战斗精神的队伍主要是由以前红军游击队员组成的。它的辅助事业在很大程度上保证了军队的效率，使之能够改造它所活动的整个地区。在这些辅助事业中，有四项是特别值得一提的。第一是军队建立的小工业群，这是上海工人和技术人员努力的结果，他们不辞辛苦，跋涉到内地，而不愿待在上海向民族的敌人出卖自己的技术。第二是军队的培训学校，培养了许多指挥员、政委、军工人员和其他军事工作者。在这些学校执教的不仅有新四军自己的将领，而且有来自全国各地的进步教育工作者。第三是新四军的政治工作队，他们向群众传播了文化。他们是由男女青年组成的，其中大部分是来自大城市的学生。第四是医疗服务。在困难重重的条件下，一批富有献身精神的医生创建了被认为是中国最好的军事医疗服务系统。

关于新四军创建工业基础的故事，其本身就是生气勃勃的中国的一部史诗。它几乎完全是白手起家。在许多情况下，机器和原料都不得不临时想办法。要生产棉布，可是只有短纤维粗棉，这种棉花通常是不用于纺织业的。金属要靠收集废铜烂铁，或者从敌人手中缴获。但是，新四军的合作工厂照样进行生产，它们归劳动者所共有。这些工厂除了生产许多种商品外，还向军队供应弹药，如手榴弹、地雷，向医院供应医用棉花、毯子、绷带和一些手术器械。这些小工厂能够生产这些东西，

历史不应忘记

实在值得新四军自豪，而且它们每天还可以制造一支漂亮的步枪。营养不良的士兵和难民普遍患有疥癣，治疗这种病使用的硫黄膏急需凡士林，医生们便建立了一个"化学工厂"，从扁豆籽中提炼出代用品。合作印刷厂印制宣传品、教科书、部队的《抗敌报》和《火线报》、群众团体的《救国报》。创建这些工厂的工人真是了不起的劳动英雄。他们到工厂上班，就像上前线打仗一样，深知必须增加生产，发挥更大的主动性和创造性，以便打击有优势武器的敌人。这些工厂是部队弹药和医药的主要来源之一，工人们是部队政治、教育活动的主要对象之一。在人民争取解放的斗争中，他们是新四军前方战士的真正战友。

叶挺对我说，新四军司令部所属的战地军政学院约有 1000 名学员，他们将被培养成部队的指挥员和政工人员。学员中既有在战斗中表现出色、需要提高理论水平的老战士，也有从长江以南各省招募来的新战士。其中半数以上是来自上海的产业工人。将来担负军事领导工作的学员，70% 的时间学习战术和进行运动战的实际演习，其余时间用来学习政治。将来从事政治工作的学员，时间分配比例恰好相反。他们用较大精力来深入了解中国革命的目的、统一战线的理论和实践以及国际政治形势，但他们也用 30% 的时间进行强化军事训练。学院是按照军事原则组织起来的。它分成 9 个连：5 个连培养军事干部，2 个连培养政工干部，1 个连培养军事工程干部，还有 1 个连由妇女和少年（被人叫作"小鬼"）组成，培养护士、卫生员和宣传员。

像八路军一样，新四军的教育工作只有一小部分是在学校正规进行的。在新四军，人人都在学习。文盲学习认字写字，那些已经掌握基本文化知识的人则继续深造。不管识字不识字，都得听政治课和学习游击战术。人人都要学几句日语，以便对敌人进行宣传工作。他们不仅在根据地学习，在前方也学习，在战斗的空隙时间宣读最新消息。他们不间断地在露天学习和讨论。

新四军的政治工作队由 300 名男女青年和 30 名少年组成。他们演戏、唱歌，活跃战士的生活。他们为后方和开赴前线的军队书写富有战斗性的标语口号和墙报。他们对医院的伤员进行宣传教育，表演节目，并以歌咏、快板、独幕剧等形式把抗日斗争的信息传达给群众。当这些宣传工作引起群众的兴趣时，他们便进而帮助大家组织农、工、商、妇、青等各界群众团体。这些话剧和歌曲的内容是如何进行斗争和组织群众，还有抗日战士（通常是军队的英雄）的勇敢事迹，如何识别汉奸，军民如何互相帮助。政治工作队的艺术的确称得上是艺术。它深入客观实际，了解当时的迫切问题，同人民心连心。它开阔了人们的眼界，使之积极行动起来。工作队的剧作家、演员、画家、作家、歌唱家都喜欢自己的工作，创造性地充分利用了他们的有限设备，因为他们深深懂得，他们的活动是生活和斗争的一部分。

最后是医疗服务。新四军在这方面的工作比中国任何其他军队都做得好。医疗服务的核心是来自南京中央医院的8位既有学问、又有经验的医生和一些熟练的护士。就在这个人数不多的核心的基础上，再加上这8位医生带来的600元钱，便渐渐形成了一个医疗系统，包括司令部的一所后方医院、一个医疗培训学校、几所师级医院（共有几百张床位）、一些化验室（可以验血、验尿、进行显微镜检查）、一个营养食堂，以及同情者捐助的X光机和一些手术器械。这是长期无私奉献、精打细算、使有限的经费发挥最大效益所取得的成果。这些医院设在风吹雨打的破庙里，一块木板支起来就是病床，化验室位于茅屋中。没有瓶子，他们就用竹管代替。他们动员锡匠，用原始的工具打造蒸馏器、保育箱、消毒器。

新四军是人民的军队。它同人民一起战斗，为人民而战。它的医疗系统不仅供军队使用，而且为整个地区人民服务。

曾在新四军采访的史沫特莱女士写道：

"军队在这里一开办医院，群众就把伤、病人员从几十里以外的地方抬到这里来。军队战士多年营养不良，留下了很大的后遗症。我发现，在医院里主要是这样一些病：疟疾、肺病、痢疾、天花、胃溃疡、腿部溃疡、上呼吸道感染、疥癣（90%的战士有疥癣）、沙眼、钩虫病。"

医疗工作是在极端贫穷、缺少必要设备的条件下进行的。军医沈大夫讲了这样的情况：

"我们的医院设立在废弃的老庙里。一到冬天，病人衣服单薄，铺盖也不足以御寒，医生的工作可真难做啊，我们只能无可奈何地看着病

历史不应忘记

新四军一部在战斗中缴获的部分战利品

人苦熬,由于挨冻而延长康复的时间。"

这种贫困现象在新四军是普遍存在的。3个战士才有1条毯子,1个班才有1件大衣,谁值岗谁穿。食品也很贫乏。在如此困难的条件下,新四军不仅进行战斗,而且改造了它所在的地区,使之具有新的信心,实行减租减息,开办生产合作社,以便最终缓解物质的匮乏,同时积极开展政治、社会活动,发展教育和保健事业。

军民之间建立了不可分割的关系。他们同甘共苦,并肩战斗,开始民主建国的工作。他们本着统一战线的原则,在长江沿岸建起了一个不可摧毁的抗战堡垒。只要人民群众自己起来战斗,到处都可以建起这样的堡垒。

"你是否可以介绍一下新四军目前的状况和南京—上海—杭州地区游击战的前景？"我向叶挺提出了这样的要求。

"我们已经完成了改编工作，正在纠正自身的缺点，"他说，"如果你把我们的情况同这个地区其他军队的情况加以比较，就会发现截然不同。他们的枪支配备充足，但兵源困难。我们教育我们地区的人民，使他们相信他们有值得保卫的东西，而他们也能够成功地保卫住。人人都想参军。但我们的武器不够，拨给我们的数量太少了，即使保持目前的规模，都不够用，无法越过无锡，朝着上海进一步挺进。不过，我们已经成为敌人前进道路上的严重障碍。

"我们仍然有许多弱点，必须加以克服。不过，我们已经取得的成果表明，如果这个地区所有军队都按照我们的原则来进行工作和组织的话，他们取得的成绩会比目前大得多。例如，这个地区有一支经费最充足的军队，武器和装备也很好，可是，只有2000人。别的一些部队，情况也是这样。他们未能同人民建立密切的联系。不幸的是，这是东部游击区一个普遍的现象。必须指出的是，也有一些情况迥异的部队。有一位姓刘的政治犯，他在南京度过了八年铁窗生涯，在战争爆发时才获释，他成功地把三四万农民组织起来了。可惜他们只有千把条枪，一部分是在上海、南京战役后从战场上拣到的，一部分是从敌人手中缴获的。他们以及另一支在长江北岸海门附近活动的部队赢得了人民的信任和合作，工作做得不错。

"南京—上海—杭州三角地带游击战的效果远远不够理想。但是，很显然，即使目前这个样子，日本人妄想靠他们手中的那点驻军来平定这个地区，也是不可能的。我们预料，日军控制南京—长沙铁路全线后，会发动一场坚决的扫荡战。这对我们和东战区的其他游击力量来说，将是重大的考验。"

日军打汉口、打广州，到处不断寻找速战速决的机会，结果被弄得精疲力竭，他们要等好几个月才能在铁路沿线重新发动进攻。1939年3月，他们终于攻占了南昌，切断了内地和沿海之间中国最后一条铁路线。叶挺谈到的"扫荡战"迫在眉睫。在此期间，新四军一边不断战斗，一边努力在敌后创建一个坚强的群众抗日核心。它提供了一个有效斗争的例子，东部战区所有的部队都可以从中汲取教益。它正在群众自愿组织起来的坚实基础上，在长江下游建立一个中国将来进行反攻的根据地。

而恰恰是新四军开展和扩大抗日行动的长江下游一带，是中国最现代化、最发达的地区，也是抗战前国民党统治的经济和政治基地。在这一带，新四军开展和扩大抗日行动已超过了其他势力，这些势力在对人民的影响和取得的支持方面并不像新四军那样成功。

这一带不仅是国民党的权力中心，而且上海—南京—杭州地区曾是中国工人和知识分子在战前从事进步运动和抗日运动的中心，而国民党政府长期以来用了很大力气镇压这种运动。现在，抗日运动不但与新四军结合在一起，还得到了沦陷城市中基层秘密组织的支持。

政府撤退到重庆后，地理上与广大抗日工作者和知识分子的主要部分便隔离开了，使它无法对他们采取以前那种方针。而且，如果进步势力和新四军合作，旧的警察就不可能再在那里强加它的统治了。因此它得出结论，撤掉新四军就会削弱长江流域下游人民的抗日运动，使它成为在战时能控制住、在和平时期容易抛弃掉的附属物，使它不能凭本身的力量形成一股新的政治势力。

于是，在看到抗日战争取得胜利的希望的时候，国民党便把逐步摧毁共产党领导的军队作为自己的任务，它的第一个打击目标就是新四军。

国民党这样做，也有其对国际形势的考虑。再有几个月便可以断定，第二次世界大战到底是轴心国还是盟国获胜。国民党认为对这两种可能性，都要做好准备，但是新四军的存在却是一个障碍。假如轴心国获胜，国民党政府将与德国和日本达成协议。反之，如果盟国战胜日本，长江流域一带的主要作战部队新四军一定会加入盟国进攻上海—南京地区，在那里进一步巩固和壮大。这对国民党来说有什么好处呢？就是说，要是它不能打仗，不能靠自己打赢，它也不愿意任何人阻拦它去投降；如果胜利是靠外来力量取得的，那么除了国民党自己的势力外，它不愿意有别的势力从中分享胜利成果和受益。因此，重庆决定，宁可让敌人占领长江下游地带，也不要共产党军队在那里打仗。假如敌军长期占领下去，它最后失败时必将导致那里的真空，那么国民党和它的机构还能重新回去。假如游击队的抗日及其改革在那里得到了发展，国民党就再也回不去,除非它改而奉行某种得人心的政策。

1940年末,国民党政府命令新四军撤离敌后长江流域的基地,转移到几百英里外的黄河北岸去与八路军会合。这一命令纯粹是出于政治考虑,当时和以后都没有提出军事上的正当理由。最高司令部的这个决定是放弃一个解放区,把它奉送给敌人。新四军在给重庆的抗议中指出,要他们空出大片没有被游击队抵抗力量破坏过的敌占区,定会遭到重大损失,甚至有被歼灭的危险。华北基地自有当地的人力物力,并已逐渐扩大,并没有要求增援。如果最高司令部的目的是想把长江流域下游保存在中国人手里,加强那个地区的中国军队的兵力,就不会发出这样的命令。但是当局坚持,于是新四军宣布,转移到黄河北岸是办不到的,但它可以把部队集中在长江以北,离开南京和上海附近。为了不让日本人马上占领所撤出地区,军长叶挺提议派别的部队到那里去守住阵地。作为转移的准备,他要求国民党支付拖欠的款项,要求发放冬装,因为北方比较寒冷,需要棉衣,还要求发放数量充足的军需品,因为在转移中需要对付敌人的反扑。最后他要求保证他部下的家属在大军撤离后不致受到骚扰。

经过长时间的谈判,达成了一项协议。按照协议,新四军主力部队将撤过长江。1941年1月初,新四军只留下了它后方的行政机关,包括总部、政治工作部、医院、教导队和一小部分保卫战斗部队,其余共8000多人渡江北上。在靠近长江双方达成协议的路线上,他们被10倍于自己的国民党部队包围和袭击。经过七天激战,军长叶挺被俘,副军长项英失踪,从此不知他的下落。新四军司令部中大多数人员,包括政治和文化工作人员、军校学生、医生、护士,或被杀,或被俘。这就是有名的"皖南事变",也是蒋介石重新发动内战的第一步。

但是,与当时的某些报道相反,新四军并没有被消灭。这次事件的重要影响在于对抗日战争和中国的政治团结的影响。甚至连国民党内也有人纷纷提出意见,美、英、苏三国驻重庆的大使还对此正式表示关注。共产党的反应更不待言。

这件事迫使共产党制定抗衡战略。他们重申对民族团结的理解,同时谴责对新四军的袭击,拒绝解散新四军,还发起了针锋相对的要求严惩凶手的政治宣传，要求释放叶挺将军和其他军人，恢复他们的职务，对受害人的家属给予赔偿，并惩处负有责任的国民党军队司令部。

  国民党消灭了新四军司令部，废除了新四军的番号。共产党则恢复了它自己的军事机关，即1937年暂时中止的革命军事委员会。它在自己的领导下重建了新四军，任命了新的军长和建立了新的军部。新四军新军部统编7个师、1个独立旅，共9万人。

  中国共产党人从政治上予以回击，但他们拒绝打内战。这当然是服从抗战的需要。不久，蒋介石公开保证，今后决无"剿共"的军事。

第十章

History Should Not Be Forgotten

从重庆到延安

说到延安，我便想起了 1944 年 5 月到 9 月的那次延安之行。当时我是作为纽约时报派出的中外记者西北参观团的一员，从重庆到延安和八路军根据地去采访的。

中国共产党在反法西斯主义的共同斗争中具有的政治、军事潜力，长期以来一直被国民党的谎言和新闻封锁所掩盖。这种处于萌芽状态下的力量，从埃德加·斯诺的著作《红星照耀中国》在世界范围大放异彩以来，已经发展了几十倍。继斯诺之后，在 1937 至 1939 年间，又出现了其他外国记者及访问者所写的水平上乘的目击报道。但自此以后的 5 年间，新闻记者及其他人对这些地区身临其境的接触被国民党重新颁布的封锁禁令所阻隔，一直到我们冲破封锁再次进入这些地区为止。

在重庆，许多处于战火中国家的记者出于尽早打垮日军的愿望，进行了持续不断的努力，想去亲眼看一看并告诉他们的千万读者，中国共产党的军队作为盟军的一员是如何进行战斗的。但一直否认这支部队在进行战斗的国民党当局则一再拒绝记者们的申请。延安却恰好相反，重庆八路军办事处的董必武明确表示，记者们不仅会受到欢迎，而且可以去任何他们想去的地方，包括敌后的前线，以使他们取得问题的第一手答案。这个答案不仅对第二次世界大战的中国战场重要，而且对整个亚洲战场同样是重要的。当时，在欧洲，战胜纳粹德国已指日可待，而在中国，日本正经过广西、湖南向贵

历史不应忘记

州做最后的强有力的进攻,直逼重庆,国民党军队在这一攻势下已溃不成军。这是不是意味着日本借此就攫取全中国,在德国战败后还会把战争持续一段相当长的时间?作为已经把日本人从以前称之为"占领区"的地方赶了出去的共产党人,他们宣称,他们领导的抗日力量已经强大到不只保证中国能够坚持抗战,并且在盟国军队把军事力量从欧洲战场转到亚洲来彻底消灭日军时,他们能够在与盟军进行有效合作中起到关键作用。这种说法是否正确?

答案对盟国政府和盟军具有同样的重要性。因此,驻重庆的外国通讯社记者在一次次的新闻发布会上同国民党发言人毫无成效地辩论后,开始在某种程度上求助于驻重庆的外国的军事和外交代表们。

在多方的压力下,国民党终于同意了外国记者的延安之行,但它采取了新的措施来限制记者团的组成。它借口缺乏女性用的卫生设备而把我的妻子、代表伦敦每日电讯报和加拿大一些出版单位的邱茉莉排除在外。实际上,他们是出于政治动机。国民党委派的采访团团长谢保樵起初向我们保证,他将尽一切努力把邱茉莉包括进来。但在我们背后,他却在对美国战时新闻局重庆办事处的小理查德·瓦茨吹牛时吐露了真情。瓦茨把他的话转告了邱茉莉。他说:爱泼斯坦真是个傻瓜,他还想有人会帮助他妻子去延安。我们一百年也不会让她去的,因为我们怀疑爱泼斯坦想留在边区,这就是他要让他妻子跟他一同去的原因。

这纯粹是瞎胡扯。因为我们所要做的——也是国民党所害怕的——是把所看到的真实情况在外国媒体上披露,而不是想把自己同外界隔绝。

在重庆新成立的外国记者俱乐部,对不把邱茉莉这位正式任命的记者包括在记者团中提出了抗议,认为这是性别歧视。加拿大驻华大使维克托·奥德伦将军向邱茉莉讲述了他是如何向董显光(国民党宣传部国际宣传处处长)大发脾气的。他对董说:"这真是一个荒谬的规定,竟然不让一个代表整个加拿大报界的记者参加这次采访活动。"他还说:"现在的女性很坚强,是不怕任何艰苦的。"

邱茉莉还为此事找了国民党元老孙科,但也未能使她的名字列入记者团的名单中。她听见孙科亲自打电话给宣传部长梁寒操,生气地要他取消这个禁令。看来,在这件事的背后还有比这些官员地位更高的人。

1944年,爱泼斯坦作为美国《劳动联合新闻》《纽约时报》《时代》的记者参加中外记者团访问延安。在晋西北抗日根据地采访时,他身着八路军军装。

我们采访团启程以后,才知道邱茉莉是在比较晚的时候才被突然排除出采访团的。因为沿途在国民党地区内许多地方都有人问:那个女记者在哪儿?他们已为她安排好住处了。由此可见,不让她去的最后决定必然是突然下达的,所以来不及通知他们。而且这样的决定一定来自非常高的领导。

国民党认为,如果邱茉莉参加,外国记者团的力量对比就左倾得太厉害了。此外,不让女性参加的政治禁令还把两个有影响的中国女记者也排除在外。她们是《大公报》的彭子冈和《新民报》的浦熙修。她们两人都主张国共全面合作,共同抗日。是谁不顾大家的抗议,断然否定原先的安排呢?种种迹象表明,作出这个决定的是蒋介石本人。他习惯于过问最具体的细节。

国民党也对去延安采访的男性外国记者名单作了"调整"。他们鼓

历史不应忘记

励国民党宣传部的雇员莫里斯·沃陶取得了《巴尔的摩邮报》特派记者的资格。激烈反共的科马克·沙纳汉神父受到了《罗马天主教会评论》周刊的委派。但是，他们两人并没有像国民党所希望的那样对延安及其领导的地区加以谴责。虽然他们并没有放弃他们的保守观点，但他们也被亲眼看到的事实所感动。

参加采访团的中国记者是国民党精心挑选出来的。但就是在他们中间，国民党也无法"一统天下"。重庆《新民报》的赵超构后来发表了一系列赞扬延安的报道。代表最反共的国民党军方报纸《扫荡报》的谢爽秋实际上是中共地下党员，他在中华人民共和国成立以后公开了身份。

尽管国民党竭力想控制我们的延安之行，但它在公共关系方面还是遭到了严重的失败。"二战"最后一年中的中国局势已事先决定了这一点。甚至在国民党挑选的报人中间，它也找不到一个起作用的支持者。

继重庆之后，我们行程的第二个起点是西安。从西安，我给纽约时报发了第一篇报道。摘要如下：

我们外国记者团在前往中共地区的途中，在西安已经停留三天。这是我们五年来第一次访问中共地区。对中国的未来，以及对盟国将要在亚洲大陆对日本进行的反攻来说，西安都是很重要的。由于从印度到中国的公路即将开通，西安便显得更加重要。军事形势清楚地表明，中国迫切需要内部团结。在重庆，有共产党的一位全权代表正等待着是否有可能进行谈判。虽然重大决定都是来自重庆，但这并没有减少西安的重要性。西安是政府自1937年以来为"解决共党问题"而建立起来的一个巨大的政治、军事堡垒。不管中央政府的政策是和解，还是强硬，执行的关键在西安。

作为一个政治、军事堡垒，西安给人的印象和感觉都是如此。个人的行动不是个人的私事。一切都要检查、跟踪、再检查。相比之下，重庆可以说是极端放任自流的了。访问者离开长江沿岸潮湿闷热的天气，来到阳光强烈的陕西高原。开始时，大家都非常高兴，但很快就产生了这样一种感觉：每个人都仿佛是棋盘上的一个棋子，行动要严格遵守规则，一般不能按照自己的意志行事。

对外国记者团的欢迎是盛大的。我们像来访的大人物一样，每天都参加宴会。不过，既然我们的目的并不是参加社交活动，我们还是利用宴会之间的间隙去采访重要人物和重要地方。

在西安掌握军政大权的胡宗南将军（他统率的军队封锁着共产党地区）不在这里。在日军完成对平汉线的占领之后，他带领一部分军队开赴前线，以阻止日军向陕西方向前进。这是他们第一次实际参战。他的参谋长罗泽闿少将断然宣称，共产党"并没有打仗"。他向我们保证，他是代表胡宗南讲这番话的。

西安是一个警察城市，这个特点随处可见。当我们这些外国记者去访问共产党领导的八路军（据说是公开的和合法的）在西安的办事处时，我们发现，它所在的那条街道空无一人。国民党特务的监视无处不在，每一个敢于在那条街道上行走的人都可能被怀疑同共产党进行秘密联系。我们是乘坐人力车去那里的，后面有一些骑自行车的人尾随着我们。他们伪装得很可笑，原先没有戴帽子，由于我们经常往后瞧，他们戴上了宽檐帽。

尽管控制得很严，实际上仍然有空子可钻。国民党作出了种种努力来孤立和隔绝八路军办事处，然而，令人惊讶的是，他们对我们在这个城市活动的情况竟然了如指掌。"你们昨天去英国传教士大厦，谈了些什么？""听说你们向省长提出了一些难以回答的问题"，等等。

西安这个反共堡垒看来并不是铁板一块。在我们参加了专为我们安排的反共青年集会以后，那个措辞最激烈的主要发言人来到我们住处的房间，悄悄对我们说："今天你们听到我们说的那些话，全是胡说八道。"他这样做需要有很大的勇气，如果被人告密，会遭到严刑拷打，甚至还会掉脑袋。过了好多年，我才知道，这个年轻人名叫陈忠经，他是地下党员。在中华人民共和国建立以后，他公开了身份，成为著名人物。在西安，他是胡宗南办公室的人。当时20多岁的熊向晖也是地下党员。他后来在中华人民共和国担任过许多要职，例如，新中国的驻英代办，后来在周恩来的领导下参加同基辛格的秘密谈判——这次谈判促成1972年尼克松访华，使中美关系解冻。

在西安，国民党特地向我们展示了一个反共见证人，他是延安地区

历史不应忘记

1944年,中外记者团参加庆祝开辟反法西斯第二战场的延安军民集会。

八路军的一个逃兵。这显然是真的,但他太老实了,以至对他的展示者没有什么用处。他说,他曾经三次试图逃离共产党领导的军队,两次被抓回去,只有第三次成功了。为什么他如此急于逃走呢?作为一个士兵,他希望打仗,但是,却让他劳动。他指的是,延安地区的军队垦荒种地,以满足部队、干部和学生的需要。他被抓回去后,关禁闭没有?挨打没有?他说没有。他抱怨说:"但我受批评了!"他并没有证实国民党关于八路军如何残酷野蛮的说法。

国民党在宣传上的另一个失败,就是安排我们参观"劳动营"。据说,共产党员和他们的同情者在这里接受温和的教育,以便改过自新。关在这里的人大部分是10来岁或20来岁的青年学生,他们是在去延安的途中被抓的。他们的住处刚被粉刷一新。他们的回答显然是经过授意的。

如果谁敢于发表不同的说法，那就要遭殃了。但是，有一个年轻人仍然设法使我们知道了一点幕后的情况。我们问他，在劳动营通常待几年？他提供了标准的回答："两年。"但是，当我问他，他自己在这里待了几年时，他小声说："四年。"

甚至在外国记者中间，包括保守的，对此也留下了痛苦的印象。在这里所产生的怀疑后来在延安得到了证实。

沿着重庆当局安排的路线，我们还要在国民党的地区盘桓几天，才能最后进入延安地区。在这个过程中，他们继续向我们灌输一些他们的看法。

在陕南的大荔，欢迎我们的代表据说来自社会的不同阶层，他们照例一致赞扬当地的形势,并谴责共产党。一个穿着贵重丝绸马褂的"农民"代表引起了我们的怀疑。他为了消除我们的怀疑,用他的手杖演示,他在田地里是如何使用锄头的。

随后,为了说明国民党是怎样挡住日军的,我们被带到黄河边的潼关,对岸就是日本侵略军,双方有时近距离互相打炮。在那里,我们见到了著名的将领胡宗南。他日常的主要工作是对延安实施封锁。他个子不高,显得有点瘦削,神经质,似乎在模仿拿破仑的形象。他只谈到潼关是抗日前线。

在当地他的总部吃饭的时候,他的副官蒋纬国(蒋介石的小儿子)为我们敬酒。在这方面,发生了一件国民党为了维护形象的趣事。老蒋提倡一种清教徒式的生活方式,下令他的军官不准喝酒。因此,当我们的报道送交重庆的新闻检查官审查时,不允许提到老蒋的儿子喝酒一事。重庆的检查官同邱茉莉争来争去,最后建议改动一下措辞,才算通过。改动以后的文字是:"在司令官的指示下,蒋副官敬酒。"这样,国民党就算保全了面子。

我们的下一站是在黄河向北大转弯以后的东岸继续前进到岢岚坡,接受更多的反共教育,然后进入延安地区。岢岚坡是阎锡山在山西老家所剩下的最后一个堡垒。阎锡山这个狡猾的老军阀,居然想方设法在推翻清朝君主的辛亥革命以后,一直保持了自己的政治地位。这块地方是一个1000米高的山头。在我的一本通讯集中,我把它叫作"阎锡山将军的奇妙山头"。

这位年迈的将军(他喜欢人们尊称他为"老帅")在牢牢掌握地方政权方面,有着无与伦比的本事。几十年来,他确保不让竞争对手的军队进入他的地区。山西有着丰富的煤炭资源,以当铺为基础的钱庄业很发达,这里铺设了比全国通用铁轨狭窄的专用铁路,还有一个巨大的兵工厂。在日本侵华以前,他长期巧妙地周旋于觊觎全国政权的军阀之间。在1937年日本发动侵华战争以后,山西的一部分地方被敌人占领,一部分地方被八路军收复,他设法对付这两种力量,以便在战后能够生存下来。在此期间,他经历了许多曲折,在同八路军的交火中赢得了一些胜利。他梦想建立一个像他自己那样的社会行政王朝,不过,要乔装打扮得具有革新性。他向我们介绍了他这方面的观点。

在待了四天以后，我给邱茉莉写了一封信：

阎锡山在这里建立了自己的世外桃源。在这个山头上居住着一万人——军政官员、纺织工人等以及军队，全都住在山洞里。他们通过以下办法维持生计：下乡从农民那里征集粮食和棉花，越过黄河大桥，去河南省贩运日货谋利，每人每天从事四小时园艺或纺织等生产工作。除了正规工资外，他们还用自己的业余时间劳动，赚取"合作券"货币，用以购买别人的劳动产品，如布匹、鞋袜等，以及用很低的价格购买进口商品。虽然这里有电灯、卡车（由马帮驮运来的零部件组装而成）和其他从全国各地运来的现代化用品，周围的农村却是一片荒凉。岢岚坡本身实际上像中世纪贵族的城堡，由老帅统治着他的世袭领地。他和他的扈从依靠到附近农村地区征收税捐，以维持生活。他希望，等到兵荒马乱的日子过去以后，重返他的省会太原。

在这里，没有上帝，只有阎锡山，学校和办公室都挂着他的画像。他提倡的是"新经济制度"和"农兵合作制"（两个耕田的人养活一个士兵）。除了他的指导思想外，任何别的思想都不准进入这里。留学美国的大学教授、医生、工程师、军政官员等都以他的哲学为依归。此外，这里还不准吸烟、喝酒或犯其他一些罪行，如有违反，轻则劝诫，重则命令自杀。

阎锡山说，他找到了"对付共产主义的对策"。条件成熟时，他将广为宣传。这个对策就是：把土地分配给每个人，把他们束缚在一块田地上，如果他们离开，就被视为违法。这样一来，支持共产党的无产阶级"作为一个阶级就将消灭"，就不会有到处漂泊的流浪汉去参加"非法军队"了。这个制度可以提供充足的兵源，因为每两个农民必须养活一个士兵，供应他所需要的一切。

"阎老西儿"是有名的著作家，撰写了许多书。我们每个人都得到了厚厚的一摞。我在写稿时，他的副官又拿来了一本新书，书内有四个小标题："阎帅的宇宙观、阎帅的生活哲学、博爱和正义的政治原理和按照兵农联盟的原则组织起来"。

历史不应忘记

  黄河对岸西北大约15英里处有八路军，而东南20英里的地方则有日本人。阎锡山同他们都有贸易来往。阎老帅有时同八路军发生摩擦而打起来，现在有一处正在发生冲突，不过离这里比较远。他说，如果共产党抓住他的人，他们让他学习一个月，就把他放回来了。但是，如果他抓住一个共产党员，他让他学习一个星期，就把他放了，因为他相信他的理论比共产党的更加强有力。

  明天我们就要渡过黄河进入共产党地区了。今天，这里有人警告我们说：不要把文件放在行李袋里，而是要随身带着，因为共产党要进行彻底搜查以后，才会放行。我们问为什么会这样做。他说："有一回，我在重庆外交部招待所住，他们就检查了我的东西。在那里尚且如此，更何况共产党。"

  山下的黄河只有40码宽。上游的宽度四倍于此，然后慢慢变窄，形成一个漏斗状的河床，当地的居民说有3英里深。究竟有多深，不得而知，反正水多得不得了。不过，无法利用，不能发电，因为淤泥太多，会弄坏涡轮机的。

第十一章

History Should Not Be Forgotten

延安见闻

　　我们乘一艘平底木船渡过黄河的奔腾激流。船上可容约50人，有16名船夫都伸腿坐着，几个人划一支桨，运用全身力气，齐声高唱号子，那种雄浑高亢的声音令人终生难忘。（这个号子是中国杰出的声乐作品《黄河大合唱》的基调，后来我们在延安听到一二百人高唱这首歌曲，内心感到无比巨大的震撼。）

　　只用几分钟我们就过了河——进入另一个世界。同我们前些天在陕南国民党地区所遇到的情况不同，这里没有事先准备好的旗帜和横幅标语，没有奉命行事的人群，一面跳跃，一面欢呼，好像我们这些来访者是罗斯福和丘吉尔的混合体。来迎接我们的只有两个农民模样的人，一个年轻，另一个有了胡子。他们同我们握手，说是乡政府派他们来的，然后引导我们爬上山头，进入一个村子。村里有在黄土高原上常见的一口口窑洞，我们住进了其中一口，里面有一个很长的炕和一个炉灶。窑洞前是一个院子，养着一头奶牛、一头驴子和一群鸡。

　　第二天一早，一位军人骑马来到，他穿着一身沾满尘土的灰色制服和一双草鞋，大脚趾上缠着绷带。他自我介绍说，他是陕甘宁边区南部警卫部队司令员王震，已为我们备好马匹。他是一位将军，但身上没有任何显示军阶的标志，看上去同一个普通士兵一样——他在仪容和态度上同那些穿着量身定做的军服、戴着白手套的国民党军官们显得十分不同。

抗日战争中的延安

    一小时之后,为我们准备的马匹来到,以便我们西行。同时,我们第一次见到了八路军的战士——脸被阳光晒成古铜色、笑嘻嘻的一群小伙子,有的着装比王震将军还好。他们中不少人背着日本的三八式步枪或佩着日本军官的指挥刀,这些武器在中国其他地方的军队高级司令部里是作为战利品陈列的。

    王震带着这支队伍是从很远的地方急行军赶来迎接我们的。这支队伍曾转战河北、山西等地,后来才调回边区担任警卫。他们说,他们的三八式步枪和指挥刀当然是在作战中从日军手中缴获的,然后用来对付敌人。

    我们当时还不知道王震的经历。他原来是一个铁路工人,后来成了一名革命战士。他所率领的"三五九旅"不但早在10年内战的红军时期就战功卓著,并且在边区以开垦南泥湾而著名。南泥湾位于延安之南,原是一片野兽出没的荒原,他们把它开垦出来,种植谷物、蔬菜和棉花,以供部队衣食之需。后来我们曾去那里参观,听说部队开拔后这片新垦区就交给了当地农民。因为部队可以自给自足,所以这里的农民并不需要交纳公粮来供应军需。

八路军留守兵团司令员萧劲光（站立者左四）等参观延安机关干部纺线。

回过头来再说我们记者团的行程。我们一行骑上马，一会儿上山，一会儿下沟。一路上我们看到了发扬南泥湾精神的"大生产运动"已经使原来以贫瘠著称的边区大变样。每一座原来荒芜的山顶和坡地都已种上了小米、小麦、豆子、亚麻或棉花。这一带地方在国民党实施封锁以前，原来是不种棉花的，所以有两年边区人民几乎弄得衣不蔽体，上年的情况就不同了，边区的棉花半数可以自给。农民现在都愿意种棉，因为边区政府规定头两年所收获的棉花可以免税，还进行了广泛的宣传，告诉人民种棉是为了满足自己的生活和坚持抗战的需要。农村供销合作社（边区总人口150万，其中25万为社员）负责以合理价格收购全部棉花，如果供销合作社有余棉则由边区政府收购。我们后来看到，"大生产运动"除在陕甘宁边区外，还推广到共产党领导的其他敌后抗日根据地，同样减轻了当地物资缺乏的困难，并成为取得战斗胜利的重要因素之一。

田间耕作是以"变工组"的形式来进行的。耕地属于个人，但农民们组成了许多"变工组"，在各户的土地上共同耕作，还共同开垦荒地，垦荒所得收获平均分配。这样，土地虽仍私有，但劳动已集体化了，并且随着荒地的开垦，这些新开垦的土地也逐渐成为集体的财产。"变工

历史不应忘记

1944年,记者团采访延安国际和平医院(右一为马海德,右二为爱泼斯坦)。

记者团访问延安时,观看八路军缴获的日军高级军官用的指挥刀(左二为爱泼斯坦)。

1944年9月采访晋西北抗日根据地的外国记者（左为爱波斯坦，右为福尔曼）

组"不但加快了播种和收获的工作，并且节省了往田间送饭的劳力，过去单干时每家每户都要有妇女往田间送饭，而今只要有一个人给全组的人送饭就行了。妇女也都按合作社的办法组成纺纱组。这一切节约劳力的举措可以在必要时腾出一部分人力和畜力来从事运输及其它工作。

  我们一路上所遇见的农民看来都能丰衣足食——有的人衣服上还打着补丁，但没有衣衫褴褛的样子。在中国的其它地方，老百姓一见到大兵就躲开，如果躲不开就愁眉苦脸地瞪眼看着他们，但在边区，在我们这支队伍休息的地方，景象就完全不同。老百姓看到护送我们的八路军战士就上前去同他们交谈，打听我们这批"奇奇怪怪"的人是来干什么的，还送热水给战士们喝，并且不用吩咐就主动去照料马匹。我们总的印象是，老百姓对待战士们就像对待出门在外的自家人，要让他们好好休息，还要他们开心。

  我们到达第一座县城，一位农民出身的县长来迎接我们。他几年前还是文盲，现在也只能写简单的报告，但他对县里的情况了如指掌，我们提出的每一个问题，他都回答得很详细，谈到农民们开垦了多少荒地、

历史不应忘记

八路军在用土法炼铁,制造武器。

生活改善了多少,脸上就露出笑容。

他还很得意地向我们介绍了一位"劳动英雄",他不但带头开荒,还帮助安置从邻近的河南省逃荒来的难民(边区需要劳动力,所以凡从外地来的移民都分给土地,以长期贷款的方式供应他们种子和农具,头三年免交公粮;当地农民帮助移民安置有功者受到政府的表扬)。这位年已六十而身体壮健的"劳动英雄"对我们讲述了他自己的生活如何得到了改善,还有他去年到延安参加"英模大会"的情形。在这个会上,他学到了关于安排活茬和组织劳力的一些新方法,看了一场电影,同毛泽东握了手,领到了奖品———一套新衣服和一双新皮鞋。他过去没有地,但后来分到了地(边区的某些地方在1935年前红军曾实行分田,但以后为实现全民族共同抗战停止实行这一政策)。他虽然到现在仍几乎一个大字不识,但并非不明世事。他问了我们许多问题,关于法西斯主义和欧洲、关于苏联境内的战争、关于开辟第二战场的时间等等,他还询问国民党为何不通情理,不让棉花、药品等进入边区。

那位农民出身的县长向这位农民劳动英雄逗趣说,你现在的地位高升了(劳动英雄有权出席县政府的会议,代表自己或村民提出建议,所

河北平山县南庄村刘汉兴等青年参加八路军,他们的父母、妻子欢送他们光荣入伍。

以事实上成了县政府的成员)。老英雄也半开玩笑地回敬说,你这位县长干得不赖,在上次大生产运动中,为了把所有的人都动员起来,带头给地里送了不少肥。他在这里已经住了那么长时间,对过去祖祖辈辈的事也都了解,谁听说过县长会干这样的活?

我们一路上看到农民们用的新农具感到惊讶——锄头和深耕用的犁铧大都是用优质的铁做的,有的用钢。边区有几个小工厂专门生产这些农具,兵工厂也把生产农具作为副业。为了破坏日军的交通,八路军在华北拆毁铁道,把钢轨千里迢迢地运到边区。边区政府为了发展生产,不惜把这样来之不易的钢材用于制造农具。在边区,农民的生产工具和部队的武器一样都来自对敌人的武装斗争。

下一站我们到了延长,看到了油井和炼油厂。有三口井还在出油,另外正在挖掘一口新井,因为挖掘的深度不够,产量不高——工人们运气不好,把一套钻井设备丢失在一口废井里了。

我同工人们在井口、在他们的俱乐部里聊天,这座俱乐部是这一带最好的建筑物,屋顶装饰着一颗红星。工会主席是从新加坡回国的老海员,管理着矿上所有的柴油机,他在这里已工作多年。油矿原来是归美

历史不应忘记

国人所有的美孚石油公司,后来到了国民党手中,最后则为红军(八路军)所有。他说:"红军游击队到来之前,矿上有从南京来的工程师、从上海来的工人。他们知道我想学会使用柴油机,生怕我学会了把他们挤掉,所以他们拆卸时把我轰了出去。现在我已经学会了。我们工人之间现在完全不用担心本事被别人学了去,自己就会失业,你要有本事,又肯干,当全矿的经理都可以。"

他还告诉我们:"工人的工资用现金发放,但工资的数额是按小米多少斤来计算的。例如,工资如果是1担(100斤)小米,那么这个月就发给你'边币'(边区的货币)2万元。如果下个月小米的市价涨了,你的工资就会多一些。这里说的市价是指自由市场的价格(这里的市场不受政府控制),所以工人的实际收入不会因市场价格的波动而受影响。"

这里的小炼油厂原来已残破不堪,边区政府把它恢复了起来。我们看到一些很巧妙的临时应急的措施。例如:他们需要一根直径两英寸的管子,用于冷凝器,但没有这样大小的管子。于是,他们把一段10英

晋察冀根据地干部向群众宣传共产党的减租减息政策。

1945年冬，冀中根据地的战士们在怀来县帮助群众推碾子。

寸的管子套在另一段12英寸的管子里，两者的空隙正好是两英寸。炼油厂的经理曾在一条英国海轮上当过钳工，工程师曾在上海圣约翰大学上学，我们记者团里的毛里斯·武道曾在那所大学教过书，在这里遇到他的学生，感到十分惊喜。

这个厂生产煤油、合格的汽油（供应这一地区约20多辆卡车使用）和优质的蜡烛（同战前英国壳牌石油公司的产品不相上下）。汽油和蜡烛，还有盐巴，是边区几项用来同外界贸易的主要产品，以换取边区所需的物资。国民党对延安地区是实行封锁的，如果有人把禁运的物资偷运进去，抓到了可能会送命，但由于利润很大，所以商人们还是不惜冒很大的风险（包括行贿的费用等等）。

边区位于陕北经济落后的地区，工业还处于萌芽状态，但在有些方面正在力求发展。我记得记者团在参观一家合作社时，有人老向我们询问，在我们本国肥皂是怎样制造的，当我们抱歉地说不知道时，他们就向我们投来又轻视又似乎觉得我们可怜的眼光。像这种连怎么做肥皂都帮不了他们忙的人，算什么知识渊博的国际记者呢！在参观广播电台时，

历史不应忘记

1985年3月,爱泼斯坦(左三)与美国记者重访延安。

我们碰到的则是高深一些的技术问题了。他们向我们要使用过的香烟盒里的锡纸,说是可以用于制作聚光器。

事实上,在边区,凡是力所能及的事都在做。边区政府有一个工业局,其中有一些水平相当高的工程师和科学家,他们来自国内其他地区,正在研究本地区的资源并着手加以开发,以满足当前和今后的需要。边区目前虽然没有飞机,但有一所飞行学校,有时可以看到这所学校的学生们在街上推动或旋转手上的木制小飞机模型。

因此,在此后不久给邱茉莉的一封信中,我兴奋地这样写道:

这个边区不光是一个英勇的人民被封锁的悲惨的地方,而是一个小规模的伟大的国家。它又是许许多多比它大很多的地区的后方基地，所以还不能说它的规模很小。这里进行着的活动恐怕比中国其他任何地区都更为丰富多彩，而且可以肯定，这里的人民也比其他地区的人积极得多。他们充分相信，他们代表中国，代表中国的未来。他们并不这样说，但从他们充满自信的语言和行动中，从他们的每一次微笑和每一个表情中，都可以清楚地看到这点。我已经实实在在地深信，延安是中国未来的缩影，在下一个10年里将证明这一点。

"自给自足""自力更生"是这里的口号。毛泽东的烟瘾很大，他自种烟叶。总司令朱德爱吃蔬菜，他自己开了一块地，种植质优味美的番茄。我们记者团回重庆时，他把自种的番茄送了我们好几筐，不但使我们这些记者享受到这些好吃的鲜果，还使我们产生了关于边区的新认识。

第十二章

History Should Not Be Forgotten

在敌后的一次旅程

在访问延安和其他中共领导的地区期间，对我最有启发的经历之一就是在敌后的一次旅程。

离开延安之后，我和记者团另外两位外国记者完成了一次对中共领导的晋西北地区的访问，历时七周，行程千余英里，其中有17天是在八路军的敌后战场，有时骑马，有时步行，走了300英里。我们这次旅行是六年来第一次有外国记者去访问在敌人后方的中国"第二战场"。

在这次短暂但见闻丰富的旅程中，我们目睹了八路军两次对敌人的成功袭击，有一次距攻击目标——日军据点为3英里，另一次只有300码。还有两次在摧毁敌人碉堡的战斗进行时，我们都在近处。我们自己有两次被敌军追踪，一次相距1英里，另一次10英里。有两个晚上，我们宿营的村子都在敌人封锁线碉堡的步枪射程之内，但这些村子的居民对敌人实行反封锁，在敌碉堡四周埋了数以百计的土制地雷，设了陷阱和狙击手的掩体，所以除非有外面来的强大增援部队把道路扫清，否则碉堡里的敌人不敢出来。我们看到罗斯福、丘吉尔、斯大林、蒋介石、马克思、恩格斯、列宁、毛泽东的画像竖立在距敌人仅一小时步行行程的地方，还有诸如"粉碎日本法西斯，拥护四强宣言！"这样的大幅标语，敌人从碉堡的望孔里往外张望时一眼就能看到。我们通过这次战地访问，对于共产党的

历史不应忘记

八路军在日伪军"扫荡"后,帮助群众修复房屋。

军队和当地居民在华北和华中各地对侵略者进行的人民战争的性质、深度和各种形式,都获得了具体的了解。

要在有限的篇幅里把我们在敌后那些日日夜夜的丰富经历都写出来,最好的办法也许是按时间顺序来加以叙述。

我们在9月8日穿越日本控制的离石至岚县汽车道。这条公路沿线每隔3英里就有一座日军碉堡。奉命护送我们过路的八路军四个连决定,派敢死队去割断马坊镇碉堡外封锁沟上吊桥的拉索,使吊桥落下,然后向碉堡发起攻击。经过两小时战斗,碉堡里穿着日军制服的50名残存伪军缴械投降。俘虏中有一个上尉,他也指挥附近另一个碉堡的守备队。八路军就把他带上,让他告诉那边的伪军,马坊已经丢了,他们是守不住的,还是悄悄地出来为好——那些伪军照他的话办了。

我们前进路上的两座碉堡在 24 小时内先后被拔除，所以我们可以在大白天越过封锁线，并且到一个碉堡里去观察和照相。这座碉堡的建筑十分坚固，外面围绕着铁丝网和一条 30 英尺宽、40 英尺深的封锁沟，沟上设有吊桥，沟外又有一道铁丝网、三道壕沟以及地下掩蔽部。

马坊镇上有很多共产党干部在秘密活动，他们穿着农民的服装，带着手枪，迅速地把这里的居民——他们已有三年多不属抗日政权管辖——组织起来。因这里的居民害怕日军报复，不敢把碉堡拆毁，甚至不敢拆几根椽子去当柴烧，所以农会动员其他村子的农民来做这件事。当我们又骑马上路时，看见至少有 1000 名老老少少的农民迎面走来，他们扛着铁镐锄头，兴奋地又说又笑，仿佛去赶庙会。

当我们在 17 天之后（其间日军曾来过一次）重新经过马坊时，碉堡、围墙、铁丝网、封锁沟、壕沟和地下掩蔽部都已完全消失，在镇子后面的小山上（碉堡原来在这里）只剩下一片黄土。这便利了八路军一个旅的活动。这个旅负责这一带的警卫，它是由在冀中平原战斗过多年的一部分老战士、山西"新军"的一些部队以及几支游击队编成的，总数有几千人，在日军占领的太原、汾阳等大城市郊区作战。

第二天我们到达晋绥边区一个军分区司令部的所在地，这里距四周日军据点不超过 30 英里。民兵同游击队不同，他们不脱离生产，农闲时练兵，有敌情时就在本地作战，他们的土地由变工队代耕代收。这个军分区的民兵有 12000 人（我们看到从四个村子就集合起 600 名民兵），正规军和游击队约 8000 人，共计有武装人员 2 万人，全分区人口是 400 万，这个比例同我们以前去过的两个军分区差不多。所有武装人员中三分之二的武器是从敌人那里缴获的。共产党曾宣称在他们领导下的正规军有 47 万人、民兵 230 万人，从我们所得到的军分区的材料来看，这些数字是确实的。敌军在这一地区的兵力有：日军 5800 人、伪军 3820 人，此外在太原还有一支强大的守备部队，分布在 110 个据点里（这些据点类似于我们看到过的马坊）。我们在晋西北停留的一个月内，单是在这个军分区就摧毁了敌人据点 20 余处。

在军分区司令部，我们看到了 6 个日本战俘。他们是在 8 月 28 日八路军的一次出色的突然袭击中被俘的。当时他们正在碉堡墙外无所顾

历史不应忘记

忌地享受田园风光的户外早餐，枪也不带，一下子就被突然出现的八路军战士猛扑上去抓住了。值得注意的是，这些日本兵除一个外都是当年6月才入伍的，有的是应征的小青年，有的年龄稍大，是过去因身体条件不合格而没有被接收的。这些日俘以及自动投奔八路军的10个朝鲜人都告诉我们，日军士兵都知道八路军不杀俘虏，尽管日本军官对他们灌输相反的宣传。他们还看到过"日本人民解放同盟"的宣传品，不但在前线，在北平这样警卫森严的大地方都有。

在司令部，我们又看到100多名伪军俘虏，是在过去两周内被俘获的；还有一支40多人的伪军小分队，是自动投奔过来的。他们被允许保留自己的武器，经过训练后将编入他们原来的日军指挥下所驻扎地区的游击队。同时，随着日本驻军人数的减少，敌人正把这一地区越来越多的据点交给伪军防守，而伪军又在迅速瓦解——八路军对伪军的政策发挥了重要作用。例如，我们亲眼看到，当马坊被俘伪军说他们不敢投降是怕日军对他们住在镇上的家属实行报复时，八路军马上动员村民赶上驴车，把他们的妻子儿女连同主要财产，运送到较为安全的地方去。

离开军分区司令部，我们快速地走过几个村子，这里有医疗单位，还有供医生和伤病员居住的山洞，另一个村子里有军工厂，每月能生产1万枚手榴弹和地雷。最后我们到达一处山脚下。从这条山脉可俯视3英里外的汾阳市——日军在山西所占领的战略要地之一。我们目睹八路军的正规军和游击队连续三个晚上攻击这个城市的郊区，烧毁了火车站、机场、房屋、电站和一家火柴厂，拿下了城门外一英里半处的一座碉堡，击毙10名日伪军，俘获两名日军和几名伪军以及在这里藏身的伪镇公所全体人员，缴获两挺机枪、70支步枪以及许多日本樱花牌香烟、饼干、糕点、罐头等。在这次进攻中，以急行军从几个方向调集了一支优势兵力，包围了这座城市。作战的主要目的之一是迫使守备的敌军出城应战，但虽经三天三夜的不断攻击，守敌始终龟缩不出。

记者团在这次军事行动中先后到几个村子里去进行观察，几乎每过几小时就换一个村子，但都能清楚地看到汾阳城。在每个村子里，我们都发现八路军建立的政府在开展工作，人民在欢庆胜利，当地干部向我们保证说，所有敌谍老早就被村民清除掉了，现在敌特只敢跟着日军的

拆除、捣毁日军碉堡

突击队行动。这样,抗日根据地(八路军在这里享有无可争议的权威)已延伸到紧靠汾阳城墙的地方。即使在有日军炮楼的村子里也往往存在着双重政权——一个是公开的伪政权,另一个是爱国政权,老百姓都知道,只是瞒着日本人。伪政权的村长常常是村民要求他担任的,他利用职务之便,为八路军办事。在这样的地方,我们利用缴获的日本军的信封信纸,集体写了一封信给日本昭和天皇,写明由汾阳日军司令官转呈,用我们所目睹的事实说明日军在这一地区所处的困境。当地游击队答应把这封信投入镇上敌军邮箱。

经过这三天的远征后,我们和集中起来的八路军部队都迅速分散。当骑兵侦察兵和秘密的电话联络站(有的使用缴获的电线,有的甚至使用铁丝网上的铁丝做电话线,隐藏在灌木丛中或埋入地下)发出消息说,敌人大部队出动时,我们就避开他们,不是在敌人面前逃走,而是转向其他已被八路军包围的敌人据点。

三天以后,我们在汾阳以北几英里、位于汾河沿岸的娄烦镇活动。

历史不应忘记

　　这里有两个日军据点被包围,经过"日本人民解放同盟"成员在夜间用扩音筒喊话,据点里的300名日军和百八十名伪军开始动摇,但不愿投诚。八路军决定挖地道通到这些据点的炮楼下面,进行爆炸。我们在部队的掩护下到达距敌人炮楼仅300码的地方。敌人发现在挖地道,就用步枪、机枪、迫击炮和75毫米野战炮开火射击,我们都趴在地上。敌人在夜间射击,盲目性很大,我们几无伤亡,但因此使挖地道的工作未能在天明之前完成。我们在离去时没能看到作战的最后结果,但第二天晚上在另一个村子里宿营时听到了猛烈的爆炸声,说明作战已获胜利。其后不久传来消息,敌人的娄烦据点已被摧毁,守敌除个别被俘外全部被歼。

　　在所有这些攻击中,歼灭日伪军百余人,缴获很多,八路军一方牺牲12人,伤约30人,其中有群众团体成员,他们是往火线上送担架、云梯和弹药的。双方伤员都被人冒着炮火抢救下来,并在作战结束后同部队一起迅速撤退。八路军一方伤员逐村接力由担架队送到后方去。日俘受到人道待遇,并有一位美国医生给他们打止痛针,这使他们感到很惊异。看到他们这样的表情实在很有趣。

　　八路军为什么能够用这种方式作战?最根本的原因就是他们同人民保持着密切联系。民兵、游击队和正规军在所有战斗中都密切配合,有时以民兵为主,有时以游击队或正规军为主。村政府、群众团体和民兵经常不断地提供消息,使我们确切地了解所处境况。

　　游击队和民兵指挥员们一再向我们显示,他们对每个据点里的敌军情况了如指掌,不但知道他们的人数、动向和行动规律,并且说得出他们的姓名、家庭情况和内部关系。这些都是为敌人服役的仆人、挑水夫和小贩们所提供的。(我们曾听说过这样一个故事:游击队听说一个伪军的妻子获准去同丈夫团聚,就让她说服丈夫在夜间放下吊桥,然后游击队偷偷地进入炮楼,用刀捅死哨兵,从窗户里扔进手榴弹把其他在睡梦中的敌兵全部消灭。)

　　在另一方面,敌人的信息则非常不灵。我们外国记者团是多年来第一次到这些地方来的外国人,但我们能公开行动,同老百姓谈话,甚至在群众大会上发表演说,几英里外的日本人却一点也不知道。军队和人民之间建立起充分的互信。司令员们到村子里,有时会向群众交待当前的主要任务,而在每次战斗之后则一定要向全体居民详细报告战绩,向那些协助作战的人致谢,并把缴获的一些武器发给民兵,把其它一些物资发给群众团体。

除此之外,还有这样的事实:八路军从不拿群众一针一线,而且每一个八路军的单位都有责任训练人民自卫技能并在敌军入侵时掩护妇女儿童撤往山里或秘密地道。这就不难明白,为什么这些地区的人民深信:抵抗(而不是投降)不但是一项广泛的爱国义务,并且也是为他们自己的社会集体所作的最好选择。

八路军作战的性质,我们从自己的亲身经历也能体会到。尽管在武器装备上不能对付敌军大部队的集中攻击,八路军和它的辅助军事组织却总是采取攻势,使敌人中计,以打击敌人的弱点。这样,不仅使敌人蒙受损失,煞敌人的威风,并缩小敌人的军事—政治—经济控制区,扩大八路军管辖的地区和人口,而且有利于防止敌人对共产党领导的根据地、军队和人民进行报复。因为各地的日本人都不得不经常处于防御地位,不可能就地集中优势兵力,而必须要等待北平、太原和石家庄等地的高级司令部从他处调集兵力,这样一来不但会削弱其他也有八路军活动的地区的防守兵力或减少总后备队,并且需要调用大量铁路车辆、卡车和汽油,因此报复就必须是一个由更高层次作出的战略决策。

由于地雷战和麻雀战的发展(我们看到在煎锅旁边、在旧橱柜里所设的手榴弹和地雷引线),小股日军根本不敢离开据点。这是那个阶段华北和华中人民战争的战术。八路军告诉我们,他们也在为下一阶段——大反攻——做准备,那时有更多的日军将被盟军所牵制,八路军有了更多的供应(一门好的野战炮只要一两个小时就可以轰毁一个敌军据点,现在却要花费几周甚至几个月的精心策划、缜密行动和抓住机会才能做到),就可以从北面和西面出动,接应来自东面和南面的盟军。

在回顾了那次敌后的旅程之后,有必要再对中国抗日战争的整体形势作一些补充说明。

在中国反对日本侵略的斗争中,始终存在着两条战线。第一条战线,即"正规"战线,是明显的,正统的,以中国军队为一方,日本军队为另一方。在这条战线上的中国军队属中央政府和封建地效忠于中央政府的地方将军们。在正规战线上,除了1938年的台儿庄战役以外,中国人一直处于守势。随着岁月的流逝,他们越来越倾向于驻守在稳定战线上,等待敌人采取行动,又希望他们不会采取行动。

第二条战线是在敌后扩大起来的,正如法国的抵抗力量和铁托的战时基地一样。它的组织中心是由在日本占领早期渗入了的原中国红军小部队组成的,围绕这一核心的是人数多得多的地方部队。敌后战线开始时只是在敌人占领的交通网的空隙中采取抗日行动的一些小块根据地。逐渐地,这些小块根据地连成一片,或建立了联系,协调行动。在这里,总是中国军队发动战略上、战术上和政治上的攻势。这条战线上的部队,是在敌人仍然强大得可以随心所欲推进其主要战线时开始收复失地的先锋。他们建立的解放区,是所有中国军队以及后来加入他们的盟军发动众望瞩目的联合战略反攻的前进基地。

在抗日战争以前的几年,中国共产党管理着几个小苏区,最重要的在中国东南部的江西省和福建省。在日本占领东北后,中国共产党就把一切活动围绕团结全国全力抗日这一目标而展开。他们建议和任何掉转枪口、对准民族敌人的军队组成统一战线,不管其政治倾向如何。然后,他们开始了举世闻名的长征,到了西北的陕北。接受他们"中国人不打中国人"口号的第一支政府军队是东北军。如前所述,正是东北军的将领于1936年12月在陕西省会西安劫持了蒋介石。蒋介石在被拘留期间,不得不听取整个中国人民希望他听取的呼声,也看到了人民群众希望团结抗日的强大力量,从而答应了对他的基本要求。西安事变得以和平解决。

从西安事变到1937年7月7日战争全面爆发的时间里,一个国共团结抗日的协议已经基本达成。根据这个协议,中华苏维埃共和国——在长征后包括陕西、甘肃及宁夏这些西北省份的部分地区,拥有约150万人口——将成为国民政府领导下的一个自治特区。共产党重申了他已经实行的政策,停止对国民党政府进行武装斗争。这样做的条件就是,国民党也指挥其全部力量用于抗战,并释放政治犯,放弃对所有党派的抗日爱国者采取的镇压政策,给予他们言论和行动自由,允许这些爱国者在按照民主方式组织起来的抗战行动中发挥他们的作用。

正是在这样的形势下，八路军才由陕北向东开进华北，进入山西，才取得了平型关战役的胜利，才得以参加保卫一些战略要道的战役，也才有了冀中平原多股抗日力量的合而为一，成为抗日联军，进而诞生了晋冀豫解放区——朱德总司令领导的八路军的总司令部就建在这里。八路军还发动了一场远征，一路打到山东海滨，同在中国最东端活动的抵抗力量汇合，建立了胶东半岛根据地。

在1939至1941年间，敌后战线经受了十分巨大的考验。游击区根据地已经建立起来，解放区承担了日军进攻的主要压力。同时，人民武装也在斗争中成长和壮大起来。在冀中，新的中国军队成长起来了，这就是八路军、正规部队中的爱国分子和地方上的志愿兵团组成的坚固混合体。还有整个华北地区的民兵，他们仍然是农民，但在抗日斗争中创造了惊人的战果。他们发明的地雷战、地道战，让敌人闻风丧胆。

第十三章

History Should Not Be Forgotten

发生在敌后的故事

共产党公布口号

　　各国共产党都精于提出口号,作为准确表达他们努力寻求支持的当前政策和纲领的手段。中国共产党在1944年7月7日中国抗日战争爆发七周年发布的口号就起了这种作用。那年公布这些口号处在这样一个时机:日本对中国西北的威胁同样威胁着国民党和共产党;日军占领湖南使得许多共产党领袖失去家园(例如毛泽东就出生在长沙南面的湘潭)和失去红军早期征募兵员给养和作战的地区;几次主要的军事败北引起中国人民和中国的盟国都纷纷要求重新团结全国力量,而且国共两党的代表正在重庆举行重要谈判。24条口号分成几组,分别就所有这些问题提出了一些看法,总的看来可以认为是共产党对当时全国危机的政策声明,具体说来,则提出了求得谈判成功的基础。

　　头三条口号是向"全国同胞,各个战场上的战斗部队,在敌后坚持抗日的8000万民众以及八路军和新四军,敌占区的同胞和我们的盟国美国、苏联和英国"致敬。口号要求"加强团结粉碎敌人新的进攻",并且讲明了中国当前局势下的各项任务:"我国西南和西北处在危险中。同胞们!立即起来保卫西南和西北,不让敌人打通广州—汉口和湖南—广西的铁路线。不让敌人进入潼关。赶走进

历史不应忘记

1942年5月,冀东八路军部队在喜峰口抗击敌人。

攻的敌人。"

第二组口号谈到共产党认为要建立新的团结需要采取的必不可少和具体的步骤。这组口号应当根据当时的谈判来理解。"要求国民政府改善士兵的待遇和教育;改革军事指挥部;改善军纪和战斗力,坚决打退敌人进攻。"

——"要求国民政府保护大后方正在兴起的人民民主运动,保证其自由发展,从而加强抗战"——这可能是指以孙科为发言人的国民党自由派以及组成民主政团同盟的其他小党派。

——"要求国民政府向八路军和新四军供给经费、军火和医药用品,改善他们的装备,派遣他们赴河南和湖南前线粉碎敌军的包围;停止对八路军和新四军的军事进攻;释放新四军军长叶挺和被俘官兵(他们自

1941年皖南事变以来一直被扣留）；释放狱中共产党员和一切爱国人士；改革国内政治，实行民主，立即实行三民主义；给予人民言论、集会、出版和结社自由；动员全国打退进攻；准备反攻。"

——"要求国民政府取消对共产党的禁令，承认一切抗日政党和集团合法；加强国共两党的团结以调整他们之间的关系。"

——"要求国民政府废除一切有害的经济控制，取缔投机倒把、垄断和囤积居奇，发展农业生产，鼓励私营工商业，克服经济危机，建立抗战的经济基础。"

第三组口号鼓励共产党根据地的共产党员、共产党领导的军队和各族人民"和各个战场密切配合，更有效地打击敌人，发展游击队，加强政治工作，瓦解日军和伪军，准备在全国反攻中成为先头部队"。还要求他们这个地区和敌后各个根据地发展工农业，提高农民互助和合作组织的作用，在各阶层人民中间发展文化、医疗和公共福利的合作组织，减租减息，同时保证按新的比例交租交息，以提高生产热情，保持支援军队和军属。

号召共产党员"坚持团结抗战，实行三民主义和我党在1937年提出的四项保证，实行三三制，不允许共产党员在行政机构的席位超过三分之一，拥护和美国、苏联、英国合作；坚决抗击法西斯。虚心学习，决不自高自大。努力工作，准备反攻"。

通告敌后区人民"解放的时候快到了，用一切形式继续斗争——准备武装起义，响应反攻"。

最后一组口号欢呼第二战场、苏联军队和太平洋印缅战场反攻的胜利，并号召中国人民"给予在中国境内作战的盟军一切援助，帮助和保护盟军飞行员，支持莫斯科、开罗和德黑兰会议的决定，打倒法西斯和日本帝国主义，以便在和平、民主、繁荣的新世界建立独立、自由、幸福的新中国"。

所有各组口号都是充分现实的。在所有全国范围的问题上，它们都符合国内一般思想开明的人的意见。把八路军的部队派往河南，把原在洞庭湖以北活动并曾在附近的湖北省救过美军飞行员的新四军部队派往湖南，显然是现实可行的事。只要看看那些出身湖南、令人敬畏的将军如贺龙和王震,看他们对丧失湖南部分地区表现得怒不可遏,听他们谈起那里的地形和战斗如数家珍,就可以理解他们该是多么愿意在那里给日军以迎头痛击了。

陕北就是一个实验区,说明甚至在中国最贫困的地区而且是在处于被封锁的状况下,也可以军民联合起来,在战时既能全面增加生产又能加强战争。从北平逃出的一些外国人现在到达了此地,证明八路军在河北和山西的作战多么有效。八路军在日军和伪军中展开的政治工作取得了某些成功,这些外国人讲述的故事就说得清清楚楚。八路军在设计宣传技巧和准备宣传资料方面花费了巨大时间与精力,如果经验说明它并没有什么用,那就令人不可思议了。

总而言之,人们在这个地区感觉到的是这样一个突出的事实:经过了七年的战争,丝毫没有任何厌战的情绪!不管是在每座山坡上种满作物、现在第一次得到丰衣足食的老百姓,还是参加生产帮助解决自己的衣食问题、伙食很好而且自豪地挥舞着从日军那里缴获来的武器的部队,全都对自己的力量充满信心,带着一副"我们今年干得不错,明年还要干得更好"的神气。

如果这股勇往直前的激流能够同大后方那些死水池塘和徐缓江河汇合起来,带动他们迅速前进,那对中国和盟国都会是一件最大的好事;如果国民党领导的那部分中国和共产党领导的这部分中国现在或者将来发生重大的武装冲突,那对中国就会是一场苦难。

美国飞行员会晤中国共产党人和日本反法西斯战士

美国第 14 航空队轰炸日本和华北的活动日益频繁,产生了比以往更加强烈的必要:美军至少需要在中共部队中保持派驻联络官,如同它在其他战区的其他中国部队中派驻联络官一样,即使在当时的政治条件下无法采取其他在军事上有利于抗日战争的更加密切的合作形式。共产党领导的部队搜寻搭救了七个跳伞降落在敌占区的美国飞行员,并把他们送到了后方,其中五个是 5 月 26 日他们驾驶的 B-25 在香港上空被击中

在反"扫荡"中,八路军艰苦转战。这是在战斗间隙中休息的部队。

后在广九铁路附近由游击队救出的，另外两个是 5 月 6 日在汉口上空的激战后被迫从 P-51 和 P-58 上跳伞降落在湖北中部由新四军救出的。

后者的情况，由于缺乏适当的联系工具而引起了很多麻烦。从 1941 年以后，中央政府就不承认新四军，结果，根据共产党方面的报道，护送这两个飞行员到司令部的小分队沿途不仅受到日伪军还受到中央军的进攻。不仅如此，新四军第五师师长李先念给共产党军队总司令朱德的军事报告指控，两个飞行员伤口痊愈后，6 月底被护送到后方去，随身带有新四军给美国当局的信件答应进一步合作，但国民党当局竟扣留了护送他们的共产党副官。

延安看来与华北和华中每一地区的游击队基地以及香港、广州地区都有很好的通讯联络，因为当地报纸几乎立即刊登了无线电消息，详细报道了这两个飞行员如何得救。那些报道甚至写出了一些亲切具体的细节，如空军中尉巴纳德（我尽可能按中文读音凑出这个姓来），在新四军给他吃饭并且对那种伙食表示歉意的时候回答说："很好——就像妈妈平常做的饭一样。"

另一篇关于日本人民解放联盟华中支部的成员招待两个美国飞行员吃饭的报道则大有预言的味道。这个联盟主要由日本逃兵和战俘组成，他们参加了共产党领导的部队，许多人在各个游击队基地从事宣传和情报工作。

那位日本代表在吃饭开始之前说："我代表我们反法西斯统一战线欢迎我们的美国朋友。对美国战争和对华战争是违反日本人民意志的，只有军国主义分子才需要这种战争。我希望你们把这一点告诉美国人民。"

这一报道说美国飞行员看到这种奇怪的情景，开头揉了揉眼睛，可是很快就热情地参加了饭后的"国际圆桌讨论会"。日本人问，美国人怎样对待日本战俘？一个美国飞行员回答说，俘虏受到很好的待遇，但是日本士兵似乎不懂得这一点，还以某些地方的殊死战斗为例说明。然后这两个美国人说，日本人对待美国俘虏很坏，并问是否日本人恨美国人？一个日本人回答说，他的人民并不恨美国人，这次战争是东条发动的，还说在日本的美国俘虏被看管得非常严密，老百姓根本不知道他们受到怎样的待遇。日本人也问美国人：美国人是否恨日本人？一个飞行员坦率回答：偷袭珍珠港事件使他们恨日本人像恨毒药一样。

日本人要求这两个飞行员告诉美国人民：并不是所有的日本人都支持军国主义分子，而且有些人，就像他们亲眼看见的那样，还参加了反对军国主义分子的战斗。这两个飞行员答应尽力这样去做，还要求解放联盟在宣传中强调说明，落在美国手里的日本人受到很好的待遇，他们不用害怕投降。日本人答应了他们。这时候两个飞行员回想起，他们在加利福尼亚和另外的地方都曾遇见过十分正派的日本人，他们跟那些和他们作战的日本人很不一样。

报道最后说："在会见结束时，大家都相互握手，每个人都对这场诚挚的谈话感到满意，并且懂得了他们在为同一个事业作战。这在两国人民之间产生了一条新的纽带，让东条和他那些法西斯分子灭亡，然后日本人民和美国人民就可以成为朋友了！"

战争的命运可能还会把更多的美国飞行员送到八路军和新四军的基地和解放区去，其中包括山西、河北、热河、辽宁、河南、山东、湖北、安徽、江苏和浙江各省的广大地区，还包括北平、天津、南京、汉口和太原的附近地区，以及广东省广州和香港之间的狭长地区和海南岛的内陆山区。这些基地的规模和战斗力不仅是共产党坚持斗争的结果——人们在延安看到的伤员、战利品和来自前线的代表就证明了这种斗争的结果——而且从日本占领的城市逃出来的那些外国人也提供了大量的证明，这样的一些外国人跑过来了，而且还在继续跑过来，转道到大后方去。

美军观察组到达延安

1944年7月22日，当一架巨大的道格拉斯运输机载着第一个美国军事小组的九名成员降落在延安机场的时候，太平洋战争和大陆前线以及中美军事合作历史上的新时期就开始了。这个小组是去访问中国共产党领导的军队总部的。

军事小组的组长是中国话讲得很流利的大卫·包瑞德上校，长期以

历史不应忘记

来他一直是驻重庆的助理军事参赞，现在仍在军中服役。小组所有的军官差不多都不仅是军事专家，而且还通晓中文和日文两种语言，不少人生在中国。虽然他们的工作还没有宣布，但可以相当有把握地认为，首先是涉及迅速营救美国飞行员，他们在轰炸日本目标后飞机受损只得跳伞，降落在八路军和新四军的控制区，这种情况将来还会发生。还可以有把握地认为，他们将全面研究中国的"第二战场"——在敌后的战场——的价值和潜在力量，并提出小组认为必须采取的任何行动的建议。

八路军参谋长叶剑英在欢迎这个使团的时候说："为了打倒日本法西斯取得共同胜利，美军中缅印司令部派遣了这个由很有才能的军官组成的小组，来同我们一道研究有关打倒日本军国主义的作战问题。美国派遣了大量军队到欧洲、非洲、大洋洲和亚洲，帮助这些国家的人民摆脱法西斯以解放自己。所有盟国取得的胜利都和美军在陆上、空中和海上的牺牲密不可分。中国也得到美国政府和人民的巨大支持和援助。我们代表在敌后抗日的军民欢迎你们的时候，不禁想到史无前例的美国革命战争，它是在第八年才赢得胜利的。今天法西斯主义由于盟国军队的节节胜利和各国人民力量的日益高涨而被打得晕头转向。但是我们仍然需要做出巨大牺牲，从事大量工作。任何帮助我们改善工作的建议和批评，我们都会欢迎。我们还要向盟国军队保证，我们把他们的工作看得和我们自己的工作同样重要，并将给予一切支持。"

包瑞德致答词说："我们来是要调查打败日本的办法。你们打仗已经打了七年，对敌人比我们了解得多，所以可以帮助我们学习如何同他们作战。我们希望，在每条战线上，中国和美国军队都能够为了这个目标并肩战斗。"

朱德是招待会的主人，毛泽东也出席了。

这一切给这些美国军官留下了良好的印象。他们喜欢那种质朴、坦率和热情的态度。在这里，都是用拓荒者那种随机应变的精神来克服到处可见的困难；他们还喜欢星期六晚上在场地上举行舞会，毛泽东和朱德像每个人一样，都在舞会上毫无拘束地融汇在一起，会上充满了欢声笑语，生机勃勃。

一个对敌人情报感兴趣的军官看到八路军参谋部完整保存着东京出

版的一切重要报刊，直到三四个星期前的那几期，感到十分兴奋，因为在重庆，这些资料都是支离破碎的。

派到共产党方面的那个军官视察了此地的国际和平医院，谈到它洁净无瑕，管理得有条不紊。他说："这批人在这里所干的工作，对每个医生都是挑战。如果说他们几乎一无所有，或者确实一无所有，就能做到这一点，那么，我们这些拥有一切的人应该能够做些什么呢？"

在山东敌后

1944年7月26日和27日，八路军在山东东部青岛南面打击伪军，经连续两次战斗，摧毁了9个伪军碉堡和据点，打死伪军数百人，俘虏官兵120人，缴获步枪505支、机关枪2挺、手榴弹220枚和其它各类战利品，包括手枪、自行车、望远镜和几吨小麦。

两次进攻的结果，使原先被日军以公路和许多碉堡并且整个用深20米的"封锁沟"和高墙隔断的两个八路军根据地连成了一片。所谓根据地就是一个有长期驻军的地方，并有民选的人民政府公开活动。在这方面值得注意的是，山东，特别是沿海地区，已经成了八路军最强大的根据地之一，根据延安参谋部的数字，那里有数万正规军和50万武装民兵。军队政治部主任朱瑞从那个根据地来到延安后说，山东全省108个县，已有82个县建立了抗日民主政府，全省4.4万个村庄，人口2700万，人民民主政府已经掌握了20772个村庄，人口1550万。

山东省人民政府从1940年被选出以后一直在行使职权。全省共产党员在战前仅有数百人，7年后已经达到15万人，多数八路军战士和团以下指挥员，都是当地人，都是战争开始以后才入伍的。

根据地的经济形势也很好，当地货币币值高于伪币，每一单位合中国全国性法币10元（八路军各个根据地的货币币值不同，例如延安币值是850元换法币1元，晋察冀边区是1元换3元法币，等等）。

那里有自己的兵工厂，纺织品完全自给自足。有几所医院和一家药厂，生产30种药品，还有4家报纸和4个新华社办事处，每个办事处都有电台和延安总社联系。

朱瑞说，八路军控制了从海州（江苏北部陇海铁路的终点）近郊30英里往北连带四个小海港及附近地区；还有半岛东部沿着南部海岸的100英里连带六个港口、靠近河北省的北部海岸100多英里的几小块地区。游击队除了在青岛附近活动外，还一再进入烟台和英国从前的海军基地威海卫，从威海卫的海关夺取了几挺让他们颇感自豪的维克斯机枪。

日军在这一地区派驻了三个师和一个独立旅，建起了2000个碉堡和据点，挖了长达2000英里的"封锁沟"，以便把游击队隔离在交通线的主要城镇之外，把他们的基地切成小块。

为了恢复八路军进攻以前的状态，敌人只能派遣大量的日军——因为伪军不顶事——再次来"清洗"这个地区，再建造更多的纵横交错的据点，在原来的壕沟被填平的地方再重挖，还要重建铁丝网和木柱以构成外围防御工事。但是，即使敌人能做到这些，他们也恢复不了从前的地位，因为八路军到过的地方，老百姓都组织起来自卫；共产党的情报、破坏和便衣人员继续利用守军偶尔离开而防守薄弱的机会，为八路军卷土重来铺平道路。

敌军力图用每年发动几次"扫荡战"来控制住八路军，每次都派出多达21支袭击纵队，每队约由1000人组成，突入游击队的根据地，就像巨人的手指头来回搜索，企图摧毁根据地。这些"扫荡"使八路军受到许多损失。太平洋战争爆发时，有一个外国人来访问，他是反法西斯的德国人汉斯·希伯，是太平洋关系学会出版物的著名撰稿人，笔名"亚细亚蒂卡斯"。他受了重伤，在和日本侵略者的战斗中牺牲了。但是八路军，在人民群众的帮助下总是可以避开敌人铁掌钢指般的搜索，而且还打击这只铁掌的神经中心——在反"扫荡"战中，防守的驻军调走了——打得这些钢指只好缩回。

这时八路军的根据地只有一个外国人——罗生特大夫，他是另一个从上海逃出来的反法西斯分子。我曾代表医药救济委员会和他通信，他给我拍来一封电报，说他看报时知道我在访问延安，感到高兴。这封电报走了两天才到我手中。

冀中军区第17团一部在定（县）安（国）公路北敌占区，据村落杀敌，反击敌人的"扫荡"。

除了八路军，国民党也在山东日军后方的几个小小的孤立地区保持了大约34000人的部队。然而，重庆任命的正规省政府，其总部却不在山东，而是在安徽。

一个美国飞行员在山西最北端的黄河岸边获救

从美国马萨诸塞州来的美国战斗机飞行员、23岁的约瑟夫·巴格里奥的飞机被日军击落，但在华北占领区他没有被俘获。当他们的父母得知，正在八路军前线采访的外国记者团见到了他们的儿子，他既安全，又健康，面孔呈棕色，正高高兴兴地从相反方向奔赴延安而去时，他们一定会非常高兴。

巴格里奥的飞机在沿途扫射日军时被击落，是在两公里以外的地方被中国农民发现并获救的。老乡们通知了共产党领导的游击队，然后他

历史不应忘记

被送到了正规的八路军连队，最后又送他来延安。

为到达此地，巴格里奥走了两个半月。沿着一条蜿蜒的铁路，他先到了被击落之地的最东边，然后又到位于河北西部的晋察冀军区司令部。他身穿八路军制服，跟八路军一个小分队同行，越过日军的铁路线以及更多的、他记都记不清的日军公路封锁线，使他可能成为日军华北后方的第一位美国人。尽管他穿了中国军队的制服，但任何看见他那双大军靴的人，都会认出他是一个外国人。因此，他换了一双中国布鞋。但是，他的私人物品中包括晋察冀司令部送他的礼物——日本上校的军刀和手枪，却一直挂在身边。一个月以前，他还有一匹日本军官骑过的高头大马，在经过下过雪的大山时，大马滑倒了，掉到山下死掉了。

当我们遇见巴格里奥时，第一件事就是他向我们要美国香烟，他高兴地吸了一支又一支，然后告诉我们有关八路军的事。他说：好家伙，那些人完全把日本人给控制住了。开始我认为他们只不过是支游击队，可是他们真有一支大部队，有一个有基地的政府，有司令部、工厂、兵工厂、医院、大学等。而从地图上看，除了敌人占领区外，什么也没有。

谈到其它的情况，他讲，人们告诉他每一件事，也知道去什么地方，做什么事。他说：一次，我正坐在村子里和一个八路军军官喝茶吃饭，一个人进来说，日本人已经在九里之外了。我算了一下，九里相当于四公里半，我马上抄起了背包准备离开。可是那个官儿连筷子都没放下。他不愿意和客人正在吃饭时让那样一件小事给搅了。通讯员一个接一个地来到屋子里，最后进来的一个人说，日本人离这儿只三里了。于是那个官儿站了起来，抖了抖身上的土，说"看来还是走好"，然后我们一口气翻过了三座山。

中国的第二战线是在敌后，消息非常灵通。巴格里奥在河北就听说外国记者已经到了延安，他也知道我们的名字。在途中他还得知美国军事观察组到了朱德的司令部。当他飞回重庆时，他就会发现他并不是惟一的接受八路军赠送军刀的人。史迪威将军也有一把，那是共产党军队的最高指挥部送的。史迪威将军给朱德和彭德怀将军写了一封信，感谢他们最近在几个不同的"占领区"营救了巴格里奥和其他10个飞行员。

军民如何抗敌

1944年9月,我们在山西与共产党领导的八路军同行。

六天中我们一直与中共领导的作战部队在乡间活动,此地曾在中日双方之间多次反复易手。这里的村子与黄河西岸繁荣昌盛的居民区不同,那里的老百姓正在收获多年来改革、教育和稳步增产的果实,而这里则里里外外经常被洗劫一空。农民谈起日军暴行都是满面阴沉,只有说到他们如何欺骗敌人,或者如何赶走敌人的时候,脸上才绽开笑容。每个村子的入口都有身穿便衣的民兵把守,他们带有各式各样从日军那里缴获的武器,从冲锋枪到手榴弹,还有各式各样当地制造的武器,从地雷、前装枪直到红缨枪。

只要有任何人走过来,就有某个村民,常常是个孩子或是妇女,或者是在赶羊或者是在纺线,立刻挡在路口,要看来人的路条。带领我们和八路军两个连越过敌人封锁线的那位旅长,就曾经跨下马来交出证件,乖乖地站在那儿,等待某个衣衫破烂的13岁娃娃清点我们一行的人数,直到他确定我们正是证件上所说的那些人,感到满意为止。为什么总是让孩子们承担这个任务?原因在于常常只有他们才是村里识字的人。

如果敌人出动了,离得最近的那个村子的人立刻从骑马来报告的侦察人员那里得到消息,侦察员实际上藏在敌军据点的大门口,他们发出警报让老百姓把粮食坚壁起来,逃到山里去。民兵埋上地雷,设上陷阱。敌人出动的消息用这样一些简单的办法,如点燃烽火或放倒山顶上的旗杆(这个乡村地形有起伏),接力传送到其它的村子。日军活动的具体细节,常常在他们还没实际行动之前,就从据点里传递出来了。

我们来到的时候是秋天,紧急情况经常出现,因为在这收获的季节,日军总是突然冲出来抢劫。也是由于这个原因,男男女女,战士和游击队,民兵和老百姓,大家从早到晚都在地里劳动,收割、打场并且把粮食坚壁起来。在延安附近的后方地区地里集体劳动以节省工时的"变工队",在这里为了适应前线环境采取了不同的形式。一种是民兵、部队和老百姓之间的变工队。和平时期,部队在农民的地里同时也在自己的地里劳动。等到动员他们去打仗了,老百姓就为民兵和部队同时也为自

历史不应忘记

己收割。这样，战士们出去侦察、拖延和骚扰敌人的时候就不用为地里的庄稼发愁。还有一种是邻近的村子与村子之间以及个体农民之间的变工队。因为有了这种变工队，即使一个村子的牲口给抢走了，男人给杀死了，还是有人来耕地、播种、收割、打场。以前，个体农民只好先收割庄稼，然后打场，最后再把粮食收藏起来，现在军民共同劳动，这些工序可以同时进行，各个不同的小组专管某一道工序。因此由收获到储藏从六个星期缩短为不到两个星期。即使战士们无法阻挡敌人在这样一段时间来到某一个地点，至少也还能保住一部分收成。例如在兴县一带，敌军1940年秋收扫荡中杀死农民1834人，抢走粮食6679担和牲口466头，以后，每年的掠夺越来越少，到上年秋天，他们只杀死老百姓48人，抢走粮食247担，牲口48头。在同一时期，变工互助使耕种面积和粮食总产量都超过了战前水平，所以即使遭到掠夺受了损失，老百姓吃的比以往还多。农民决心组织起来生产，提高效率，同时把配合正规军参加武装战斗或者独立作战的次数从245次增加到3100次。1940年有2400名老百姓出来帮助部队运送粮食和伤员，1943年秋天则有2.69万老百姓参加。（这个县的总人口不到9.5万人。）

1943年，日军一个营共1000多人来到这个解放区的一个分区，从此就再也没回到他们原来的基地。八路军和民兵诱敌深入，然后让他们陷入一系列共10多次的伏击和短暂包围，敌军在长达一个星期的时间内退却了60英里，沿途遭到削弱，最后在离他们的防线不过一天路程的地方被全部消灭。我们与参加过这次作战的几十个八路军战士和民兵谈过话，看见了一堆堆烧坏了的骸骨留在日军曾经死守过的地方。我们还看到日军留下的成百支步枪、手枪、迫击炮、机关枪和军毯、大衣、干粮袋等，它们变成了令游击队和民兵自豪的装备。

民兵缴获的所有装备都留在自己手中，八路军给他们补充所需要的其它物品和军火弹药。八路军驻军不管人数多少，不管是暂时还是长久驻扎，他们的指挥员承担的义务之一都是指导民兵搞军事训练。民兵刚建立的时候，就派队员去参加正规军的作战行动，每个班或排接收一两个民兵。等他们有了信心，学到了知识，就回去在他们自己选出的队长指挥下独立作战。八路军的军事干部说，开始他们得教民兵，可是现在他们却常向民兵学习他们的灵活创造和关于当地情况的知识。

民兵只在他们自己村子周围 20 英里范围以内作战。一直陪我们行军的两个连队，在晋绥军区司令部同训练团一起完成了两个月的培训任务后，返回敌后战场。根据这种培训制度，每个军分区（这个地区有八个军分区）的部队每半年抽调一个连到军区司令部参加培训。这项培训包括全区最近抗击敌军的新战术和新经验，也包括准备新任务。培训以后，这个连就返回本分区把这些教给其余的战士。连队来回都要越过敌军的封锁线，并且携带自己的武器。这一期的培训团里 64% 的步枪、47% 的迫击炮和全部重机枪都是从日本鬼子和伪军手中缴获来的。晋绥军区全区部队相应的比例则是步枪 48%、机枪 47%。我们这两个连队的步枪，一部分是捷克造（中国军队中惯称"蒋介石步枪"）。

尽管日本驻军现在主要是孩子和老头后备兵，训练装备都不如前几年，可打起仗来还是很顽强，但是我们那几天得到大量证明，伪军完全丧失了士气。兵员缺乏迫使日军只好仅仅用伪军来驻守碉堡，八路军现在正展开攻势清除这些碉堡，在整个收获季节保持主动，把日军拴在他们自己的据点里。仅在一天当中，八路军战士就占领了离我们住的地方不过几英里之遥的两个这种据点，俘虏了 100 名伪军。八路军战士答应优待俘虏，并且用自己的运输工具把投降过来的伪军家属和私人财产从离公路边据点很近的村子里送走，以保证他们免遭报复。这样，伪军投降就比较容易了。

我们同两批伪军都见了面，并且和他们都谈了话，一批是打了两小时仗的伪军，另一批是没打仗就投降过来的伪军。他们身上都拖泥带水，情绪低落，惶惑不安。他们都是被鬼子强迫入伍的，对世界上其它地方的战事一无所知。他们和消息灵通、经常唱歌、没有战事时喜欢打打闹闹的八路军完全不同，就像是不同的族类。值得一提的还有，在这个解放区，我们看见每个被敌人烧毁的村子里都有一块黑板，上面记着世界、中国和本地的消息，这些情况都是驻扎在最近的部队广播员提供的，正是从这个来源我们知道了罗马尼亚投降和盟军占领诺曼底的消息。这里离敌人不过几英里，烧黑了的墙上写着这样的标语："打倒法西斯"，"实现莫斯科四国宣言"。旁边还有地方性的标语："劳武结合""保卫秋收""不给敌人一头牛一两粮"等。

第十四章

History Should Not Be Forgotten

指挥敌后斗争的中共领导人

　　敌后的抗日斗争是由中共领导的。我在延安访问过的中共领导人中，最杰出的无疑是毛泽东——当时是这样，在历史上也是这样。

　　在延安，毛的个人作风是平易近人、十分简朴的。他常常会步行在尘土飞扬的街道上，不带警卫，同老百姓随意交谈。在集体照相时他总不站在正中的位置上，也没有人把他引导到这样的位置上（同我们中外记者团合影时就是如此）。他随便找个地方站着，有时在边上，有时在别人的后边。在单独访问他时，他不设时间限制，有时会延续好几个小时，因为对他问完了所有问题之后，他喜欢"反客为主"，转过来对访问者提出一些问题，问问他们所了解的情况和所持的看法，以扩大或核对他自己的视野和知识。我们曾有几次和他共同进餐，同席的还有其他领导人，都没有什么礼仪或规矩，大家散坐在两三张小方桌旁，谈话很随便，食物也极简单。我们即将离开延安时，他同一两位同事到我们所住的窑洞招待所来送行，并且送我们每人一张他签了名的画像。这是在延安石印的，神态很好，充满睿智。这张画像我一直珍藏着，1945—1951年在纽约时挂在我住所墙上，后来我回到北京仍挂在我住所墙上，直到现在。在上一世纪40年代，在印度、英国和美国都曾举行过关于中国解放区的展览会并邀请我去作讲演，我总是把这张画像借给他们展出，使那里的人们可以"见到"毛主席。

　　在延安时，我们对于他那种"好整以暇""举重若轻"的态度

历史不应忘记

都有深刻的印象。他肩负重任，公务繁忙，承受着巨大的压力。以他为首的中国共产党领导着十几个敌后抗日根据地，战斗不断，行政管理千头万绪。在同国民党的错综复杂的关系中，他是最主要的决策者——既要抵挡国民党的进攻，又要避免发生内战，还要促使它更好地对日作战。在理论性著作中，在党内的争论中，他规划出未来的国内和国际政策。他同蒋介石在仪态上的反差真是再强烈不过了。在重庆，蒋介石总是在摆架子，显得不自然、神经质、紧张，说话哼哼哈哈。他坚持要"事必躬亲"——从训斥部下将领到接见每一个奉派出国的国民党官员（据说在接见时还让一个相士躲在幕后给这个官员相面，看他脸上有无不妥或不忠的迹象）。毛则相反，他当时显然很善于把职责分散下去。抗日根据地分散在全国各地，地理上既相互隔绝，交通通讯又极端困难，由中央直接具体指导各种军事和政治措施是不可能的。中央的各项总方针是必须理解和遵守的，但每个根据地可以决定各自的行动，这样就使一致性和主动性达到了充满活力的结合。

下面是中外记者团1944年6月12日在延安会晤毛泽东时，他所发表的谈话：

我们有一个共同目的，就是打倒日本军国主义分子及世界上所有的法西斯。为了这一共同目的，你们到这里来了。这里是中国的一个偏僻的角落，既荒凉，从历史上来讲又相对地落后。但在这里你们可以亲眼看到一种坚强的决心，那就是中国共产党和国民党要肩并肩地共同打击日本。你们会亲眼看到我们在这里正在抵抗日本侵略。

欧洲第二战场刚刚开辟。这件大事预示着德国希特勒的灭亡，以及日本的最后失败。整个中国都欢迎这一发展，我们中国共产党也很欢迎。希特勒和日本垮台之后，世界将成乐土。在中国，随着欧洲开辟第二战场，我们这里的工作会开展得更有成效。中国所有抗日力量应该团结得更紧，加强我们自身的力量，配合欧洲和太平洋战场的胜利，比以前更加努力工作以粉碎日本军国主义。

在这种形势下，你们新闻界应该关心中国内部的情况。在这里我要讲几句话，强调团结的必要，并说明我们的态度。

1944年，中外记者团突破封锁访问延安时，毛泽东（后排右一）接见了爱泼斯坦（前排右二）和其他外国记者。

首先，我们支持蒋介石坚持国共合作，为了打败日本法西斯并创建一个独立、民主的中国这一共同的目标。这是我们坚持了许多年的方针，现在也仍然坚持。我们必须如此，因为这是中国人民的共同愿望。

中国的缺点，并且是很大的缺点，归根到底一句话，我们需要民主。假如我们有了民主，中国的事情就好办了。抗日就可以加强，在胜利以后，我们就可重建中国。假如我们现在实现了团结和民主，未来就有保障。中国需要保持全民族的团结，但是只有民主，团结才有保证。

接着，毛回答了记者们提出的问题。

关于正在重庆进行的国共两党谈判，他说："我们希望谈判有所进展并能解决实质性问题，然而直到目前为止，还没有什么结果。"

历史不应忘记

对于"中国共产党是否认为第二战场开创了世界新局面;对这一新局面,共产党是否将发表一项声明"这一问题,他回答说:"真正的转折是随着1942年11月苏联斯大林格勒反攻胜利而出现的。第二战场的开辟标志着一个新的阶段、新的机遇,但不是真正的转折点。我们的报纸已经阐明了我们的观点。"

《解放日报》在此之前曾发表一篇社论,指出欧洲第二战场的开辟确实标志着一个新阶段,如同苏联在斯大林格勒的胜利一样。这两件大事都是所有反法西斯国家大合作的体现。在1942年11月苏联红军发动反攻前,反法西斯的国家遭受失败和退却,法西斯势力呈上升趋势。之后,形势急转直下,盟军在北非,接着在太平洋上停止了后退,转为反攻。

今天,在事隔几十年之后,人们仍然会注意到:对于欧洲第二战场,他没有采取西方的看法,也没有采取苏联的看法,认为第二战场本身决定全世界的命运。他当时就把重点放在未来,放在各个国家反法西斯力量的主动性上。

用同样的思路,据上引那篇社论(可能就是毛本人写的,至少是他审定的)推断,第二战场将加速欧洲战场的胜利,以后盟国的武器和人力将可能转到远东来。这样,第二战场将为中国创造一种较好的形势,但是中国必须依靠自己的努力来利用这一形势。如果中国只靠外在的因素,那么它本身的问题仍然不能解决。

有一位中国记者提出了"中国共产党对国民党和其他政治团体有何希望以及自己将有何作为"的问题。毛回答说:

"我们一定要以民主配合抗击法西斯,只有这种配合才能产生力量。中国的军队也需要民主,如官兵之间、军民之间、各级指挥部门之间、各个部队之间。假如能做到这一点,我们的部队就可团结得如同英国、美国及其他民主的军队一样。我们在各个领域都需要民主,政治方面、经济方面、文化方面、思想方面、出版和艺术创作方面。只有当文化和人民结合起来,它才能被广大群众所热情接受。"

"在各个党派内部,在不同党派之间的关系上也必须要有民主。国际方面,必须有国家内部和各国之间的民主。我希望外国和我们的外国朋友对中国采取一个民主的态度。只有当我们有了民主,我们才能巩固

1944年中外记者团访问延安时,与朱德总司令、周恩来等中共领导人合影。

我们内部的团结和国际间的团结,才能打赢这场战争并建立牢固的国际关系。"

"只有建立在人民基础上的团结才可称之为民主团结,或曰民主集中制。这一民主制度是坚不可摧的。简言之,这就是我们寄希望于国民政府、国民党、我们的同胞和全世界朋友们包括法西斯国家人民的。"

"战后的国际联盟(指未来的联合国组织)需要在民主基础上建立。"

"总之,在这一切方面我们都赞成建立在民主基础上的团结。"

后来我同毛泽东又有过一次单独的谈话。这次谈话不作报道,我也没有作记录。我向他转达了宋庆龄的问候。那时宋是保卫中国同盟主席,我是"保盟"的干部,所以我就"保盟"如何能够最有效地帮助解放区的问题(国民党对解放区实行封锁,禁止运入药品和其他救济物资),征求他的意见。他给了我一张所需物资的清单让我带回去。

历史不应忘记

毛主席在交谈中询问了国外的一些情况。他听说我为多家传媒撰稿，其中有一家通讯社是专向美国工会报纸发稿的，就问我美国的"劳工联合会"（简称"劳联"）和"产业工人联合会"（简称"产联"），哪一家的会员人数更多一些。那时这两个组织还是对立的，后来才合并。我比较倾向于发展很快的"产联"，因此就说"产联"多一些。他说不，还是"劳联"人数多。事实证明，他是对的。这件事说明，他虽然身居延安的窑洞，但对外部世界的情况还是相当了解的，而且他在同别人讨论任何问题之前一定是充分"备课"的。他还问到为什么美国共产党当时的领导人白劳德要解散美共，把它改组为一个"政治团体"，以便在美国两党制的架构中间活动。我引用了报纸上发表过的白劳德自己的解释。毛问道："那么，一个工人阶级的独立政党的原则性到哪里去了呢？！"虽然他没有说下去，但显然是不赞成。这是在法共等外国共产党批评白劳德的行动丧失原则的几个月之前。

现在我想简单地回忆一下毛泽东是怎样展示和分析问题的。

有一个方面是给人印象最为深刻的，那就是他能够把十分复杂的战略思想用极简单又极深刻的话表达出来，即使没有文化的人也能理解他的话的意思和道理。这不是某种把事情简单化的手法而是一种才能——他的头脑非常清楚，又能简明地形象地去说服别人。他一生的经历从当教员开始不是没有好处的。

举一个例子。1945 年第二次世界大战结束时，共产党领导的部队开进了许多中等城市。在以前的 20 年里，这些部队从来没有进过城，所以当 1946 年内战开始时要他们撤出这些城市，他们很难接受。但当时的形势又非撤出不可。毛泽东用一个很简单的比喻就使他们很快信服了。他是这样说的：

你设想一下，你在等车到别处去。一个强盗来抢你的行李包裹。你是不是该拖住每件行李不放呢？最好别这样做。让他把能拿的都拿去，甚至于你还要他把所有的东西都背上，两只手也都拿着东西。等他摇摇晃晃想走，一拳打在他脑袋上，他和所有的东西就都让你拿下了。

这段话在实质上就是用来粉碎国民党军队而取胜的战术。国民党军队要分兵把守新占领的城镇，兵力分散便难以运动。解放军（即原来的八路军和新四军）机动，没有包袱，可以到处破坏交通并在必要时集中兵力作战。最后解放军以最小的代价收复了失去的城镇，国民党守军则被俘或被歼。

毛用抓跳蚤打比方，说明在作战中灵活性和主动性的重要。他说，愚蠢的敌人用10个手指来按住10个跳蚤（比喻解放军的小部队），然后我们的主力部队就可以一个一个地把敌人的"手指"砍掉。

至于军需供应，一支有效率的、机动的军队可以一点一点地从敌人那里得到。中国人民的军火库在美国和英国，蒋介石是运输大队长，替我们把军火运来。这是毛在过去红军时期说过的俏皮话。

毛的"农村包围城市"的公式概括地说明了在农村人口占90%的旧中国所必须采取的方略。

在抗日战争初期，毛就预见到将有三个战略阶段。第一个阶段，有着优势装备的敌军前进，中国军队撤退或转向两翼。第二个阶段，双方主力相持不下，中国的游击队渗入敌后。第三个阶段，中国军队能转而进行反攻。

在政治上，同军事相配合，为使敌人和投降派在国内和国际上越来越陷于孤立，要不断地动员群众抗击侵略者。最后，在盟国数量日益增多的情况下，使中国的兵力增强到能反攻取胜的水平。

这些理念使战士们心中有了明确的方向，其力量抵得过许多师团——在撤退时防止产生悲观情绪，在相持时不会使思想停滞——并且指明了胜利的道路。

当我说毛泽东是我们这个时代的伟大人物之一时，我不认为是错误的。不管谁见到他，包括他在政治上的对手们，离开他时都有这种印象。融合在毛身上的既有深沉的严肃，又有地道的幽默感；既有耐心，又有决心；既有思想，又有行动；既有自信的一面，又有谦恭的一面。

深思熟虑是他的主要特点。他的声音和举止是文静的。一个事实比一堆词藻在他心目中所占的分量要大。作为一个农民的儿子，他从来没

历史不应忘记

有忘记中国人口的 90% 生活在大城市之外。他倾注更多的时间在农民和士兵身上而不是高层人士身上。在他的指示下,自命不凡、年轻的党内知识分子被送到农村去"向人民大众学习",而土生土长的、在斗争中成长起来的领导人,虽很能干,但一般没有文化,于是他把这些人召到延安来接受教育和进行理论学习。

当中国革命第一次遭受最大的挫折之后,他既反对放下武器的人,也反对那些主张在中国大城市中不顾一切进行起义的论调,而代之以把运动的中心转移到边远的农村。在有名的长征中,一些精疲力竭的红军部队不打算再往前走,而想在富庶的四川安顿下来。另外一些人则想直奔苏联边境,在那里他们至少可以在侧翼的友好邻区整编他们的队伍。毛则极力争辩说:中国人民要打日本,反对任何不面对民族大敌的人。他得到了总司令朱德的支持,率领红军来到贫困的陕北,又到了山西,陷入了似乎毫无希望的国民党和日军的夹缝中。但正是因为他们的行动是打日本,而面对国民党军队的进攻时,他们喊出了"中国人不打中国人"的口号,以至蒋介石派去粉碎共产党军队的人也起义了,反而把蒋软禁。但是当毛的老对手已在他的掌股之间时,他则坚持恢复其自由,因为他相信蒋的经验已经告诉蒋再进行内战已无可能,于是创造了国共联合行动反击侵略者的机会。

同样是坚持原则的一个例子,1939 年国民党对共产党领导的根据地实行封锁,威胁要饿死所有共产党。八路军本可以凭借武力粉碎封锁,毛极力反对这样做,因为那样会导致日本长期以来所希望的那种中国内部的全面冲突。他的做法是授权对共产党控制下的地区进行一次资源的全面考察,并且让每个人都进行工作以开发这些资源,政府官员和部队开垦荒地,纺线、织布,在一无所有的情况下集中群众的智慧和技术,建起了工业。还教会农民组织合作社,以节省劳力,增加生产,保证有足够的人力进行抗战而不致打乱后方的经济。1944 年我们访问延安的时候看到,他取得了成果。在共产党控制的地区,我们发现,老百姓和士兵吃的、穿的,比中国任何地方都好。

除了毛泽东,朱德是中国共产党的另一位主要领导人。1944 年 7 月中旬,我在延安采访了他。

朱德将军那时是世界闻名的共产党军队的总司令。这支部队始建于 1927 年,当时只有两千人,而到那时,已拥有 47 万装备相当不错的正规军,以及数量大得多的有组织的民兵,在敌后的战争中起着特别重要的作用。他们的军事行动在广大地区展开,从整个华北,包括南"满洲国"到山东的南端,从华中、长江南北两岸到华南的香港和广东之间的狭长地带,直至具有战略意义的海南岛中部——这也是日本侵略军南犯的最偏远的地区。

下面是我当时的采访记录:

朱德将军本人是一位身材结实、步履稳健、年纪58岁的和蔼可亲

爱泼斯坦采访中共领导干部林枫。

历史不应忘记

的人。他有一头浓密的黑发，宽宽的脸庞，一双大大的安详的棕色眼睛，加上他富于理解的质朴，不同程度地使见到过他的美国人想起亚伯拉罕·林肯的主要特征。从外表看不出来他是一位勇猛无比的军事将领，一位世界知名的、经历过许多次最严峻、最残酷的军事行动的战略指挥家。看上去他更像是任何人的父辈，在辛辛苦苦干了一整天的活儿以后，心满意足地回到家里，解开衣扣，放松地靠在一边坐着，笑眯眯地和你交谈。这种谈话充满了他丰富的朴素的智慧，这是他从自己常年对各种事物的深刻了解中所得出的。所有这些特点都很适当地集中在他的身上。

下面是我向朱德将军提出的问题和他的答复：

一、你对当前中国的军事形势及其发展有何看法？

中国和日本的战事已持续了七年，我们仍然处于消耗敌人力量的阶段，而日军还在向前推进。虽然目前是准备反攻的大好时机，但我们的力量还不够充分。

说到敌人和我方的形势，我们发现日方在政治上正陷于孤立并处于一种日益发展的、不利于他们的全局形势之中，而它还在极力巩固其占领的大片领土，期盼着某种新的国际形势的转变。表现在军事方面，就是日本企图打通大陆交通线，切断中国同盟国的军事联系，并把威胁日本的盟国空军基地往后推。经济方面，它打算利用我方的资源支持他在中国的战争。在游击战争开展得不好的地区，它取得了成功。相反，在我们建立了游击根据地的地方，它遭到了失败，我们经常破坏它的交通和生产，对其贸易实行封锁，切断它的人力、物力供应。总体来看，日本人取得了一些胜利，譬如在长江流域，他们可以为其部队取得给养。他们也可以从山西阳泉的大兵工厂得到一部分武器供应，这个兵工厂原来在太原，后来他们把厂址搬到了距离钢铁和煤炭资源较近的阳泉。

敌人在打通北平至广州的铁路线，企图进一步渗透，因而他们就会离开大平原而转向山区进攻，那样，他们的军事力量就不得不分散，交通也会困难起来。假如我们能动员更多的人力和资源——这是必要的——我们就可以粉碎这种渗透。

说到中国，它的国际环境比之日本强百倍，但由于当前国民党政府实行的政策是试图在打击日本的同时，也打击共产党和人民的民主要求，中国人民不能适当地动员起来，国家的潜在力量也无从发挥。经济方面，我们人民的生产和金融资源也不能充分用于建立一种战时经济，而只能是为极少数人的利益服务。在交通方面，中国还没有抓住时机，利用我们伟大的人力资源对落后的技术予以补救。结果，我们不仅不能前进，在正规战场上，部队还继续遭到失败，这主要归咎于政治和经济原因。

但是我们在敌后有另一条战线。在这里，八路军和新四军十分充分地发挥了群众的力量，人民动员起来了，部队组织起来了，抗日根据地也建立起来了。经过七年的艰苦斗争，我们在敌后建立起一条新的战线，一支抗日的新军。正是因为敌人经常被迫分散兵力以对付我们，正规前

爱泼斯坦（右一）在延安访问八路军总参谋长叶剑英（左一）和三五九旅旅长王震（中）。

历史不应忘记

线多年来才得以稳固。譬如洛阳,如果没有八路军在黄河北岸,就不会这么长时间仍留在中国人手里。因为在正规战线没有采取相同的政策,也因为八路军、新四军及其他游击部队在敌后没有得到有力支持(就他们的战绩和国家整体利益而言,他们是应该得到这样的支持的),因此,中国直到现在都没能阻止日本向前推进。

关于改善形势的可能性,可以讲,目前惟一可行的战略仍是利用机动和游击战术继续对敌人进行全面的消耗战。

今天敌人的薄弱环节就是在占领了大片领土之后力量过于分散,这就给了我们机会机动地逐个地打击其较小而孤立的据点,因而大大地将其削弱。在今天的条件下,这是中国惟一合适的战略。

我们希望中国的形势在未来能有所改善。只有当政治、经济和军事政策有所改变时,正规前线的形势才有可能改观。只有取消了半封建、半法西斯的独裁统治,建立起民主政治,才有可能把人民武装起来,大规模地开展游击战。在军队内部,应停止灌输反共思想,使所有部队都树立起一个目标,即共同打败敌人。部队里的特务制度也须取消。具备了以上条件,加上把盟国提供的武器装备分发给正规战线上的部队以及敌后战线上的我们的部队,我们就能巩固我们的地位,并且使两条战线上的部队能够同时发动反攻。

二、你认为什么是最好的同盟国战略?同盟国对中国帮助的最佳形式是什么?

同盟国的战略有两个方面:从海上到陆地和从大陆进军打击日军。其理由是,大陆战争必须依靠由同盟国提供援助的中国的军事力量以及发展了的人民的力量。取得这一成果所需步骤之一是对八路军和新四军给以快速和相当数量的援助,使其在盟军最后反攻中得以配合作战。没有这些基础,在中国打败日本几无可能。为了达到这一目标,负责正规战线的当局在军事、经济、政治方面的改革也是绝对需要的。

三、你是否承认在缅甸的中央政府军得到同美军一样的给养装备时,打仗也极为出色?

当然。但是这些部队之所以能吃得好、穿得好,是因为他们离开了不能给他们吃好穿好的那个军事和经济架构。同时也是因为他们离开了使他们保存力量同时打击日本、共产党人和人民民主愿望的那种政治架构，他们面对的只有一个敌人——日本。假如他们再次回到旧的架构下，我以为他们的战斗力就会降低。不可忽视一些表面事实的内在含义。

四、八路军、新四军如何同盟军合作？

就目前来讲，合作只能是非直接的。当日军在东南亚和盟军作战时，我们可在华中和华北加强对他们的袭扰。再就是在我们根据地建飞机场，更好地营救盟军飞行员，提供有关敌人的情报，在我军控制下的河北、山东、江苏、广东沿海地区供应盟军潜艇的军需给养。然后可以从非直接合作发展为直接配合。假如盟军在中国沿海我们控制的地区登陆或从大陆南部向北进攻成为事实时，我们就可以直接以军事行动予以支持。

五、八路军和新四军需要盟军给予何种支援？

武器弹药、无线电设备、医药及技术人员。我们欢迎盟军的技术顾问。空军合作，目前可限于运送一些我们所需要的物资（从另外的交谈中，我得悉，最急切需要的武器中有轻型的、可携带的小炮，用来摧毁铁路沿线的敌人的碉堡，为此，火箭筒很可能用得上）。战术上的合作可以在将来进行。

指挥敌后部队作战的另一位中共领导人，是周恩来。

周恩来的作风始终是实事求是、生动活泼的。他对我们这些记者详详细细、实实在在地作了一次关于国共关系的回顾，从抗日战争前夕直到我们访问延安的时候，他都亲身参与过。我们采访他的日期是1944年10月13日——我们刚从敌后游击区回到延安不久即将返回重庆的时候。在这次采访后不到一星期，突然发生了史迪威将军（时任蒋介石的参谋长、中缅印战区美军总司令）被免职的不明智之举，这是蒋对罗斯福总统提出的要求，罗斯福不幸同意了。他的这一同意对中国未来的命运是决定性的，因为从此以后，中国国共两党战后合作的可能性就为重新爆发内战所取代。他的这一同意对美国未来的命运也是决定性的：在对华外交政策方面，支持中国实现战后和平的趋势发生了逆转，转而支持和供应蒋介石打内战；在总的国策方面，这是美国同未来的新中国断绝关系长达22年的前奏，美国为了围堵和扼杀新中国，在外部，不惜发动朝鲜战争和越南战争，在内部，从"谁丢掉了中国"的歇斯底里狂叫发展到麦卡锡主义的瘟疫。他的这一同意甚至对全世界的命运也起了决定性作用，因为这是长达数十年的"冷战"的源头之一。

周恩来从中日战争发生前夕1936年的"西安事变"谈起。国民党爱国将领张学良和杨虎城对于继续进行已历10年的反共内战感到不满，在西安扣留了蒋介石，迫使他转向国内和平、团结抗日。当时周恩来是延安派出的代表，从中调停斡旋。蒋勉强同意后获得释放，恢复了作为国家和军队首脑的地位。1937年，日本发动全面武装侵略，中国奋起抗战，由于人民的要求，国共两党保证合作。

1940年，国民党违反合作抗日的行动变本加厉，共产党政治家林祖涵（伯渠）携带了关于加强相互团结的20点建议，从延安到达重庆。但国民党谈判代表不愿意把这一建议呈送给蒋介石，因此改为12点书面建议，其余部分用口头表述。

1944年8月，周恩来发表了回顾"谈判过程"的谈话。

国共谈判的恢复是在新形势下促成的。1944年4月以后，中国中部的国民党战线沉寂已久，这时因日军重新发动进攻而迅速瓦解。但在北方，共产党领导的部队却收复了越来越多曾被敌人占领的农村地区，从而显示出它的能力。只有在缅甸边境，在史迪威将军主持下在印度重新训练和补给的国民党部队表现得比较出色。这样一种错综复杂的形势，加上国内和国际的压力，重庆的政局有些松动的样子。表现之一是国民党勉强准许我们这个记者团去访问延安，稍后又有美军观察组因史迪威的力主和华盛顿急于战胜日本的要求而被派往延安。另外一个表现是在"国民参政会"中关于国内局势的讨论，以前所未有的深度重新展开。"国民参政会"是在国民党政府战时首都重庆成立的机构，参政员中有少数中国共产党的代表和若干中间派政治团体的人物。

但是，由于国民党设置了无数陷阱，讨论受到很多阻碍，最后事实上趋于停顿。

周恩来在会见我们时对国民党宣传部长梁寒操7月26日的声明逐条加以驳斥。梁的声明故意给人一种错误的印象，似乎国共谈判进行得很顺利，两党关系已有改善。

周恩来说，现在正在谈判以往没有讨论的问题，就这点来说是对的，但是他的意见和梁所说的"种种问题大体上都解决了"的那种意见截然相反："我可以完全负责地说，没有解决一个具体的问题，不管多么小的问题。关于重建我们在延安与重庆之间的无线电联系、自由使用邮递、释放被捕人员、停止对共产党造谣污蔑等问题，都没有解决；关于取消封锁和停止进攻八路军和新四军这些重大的问题，一个也没有解决，连说这件事简直都是多余的了。"

梁说"政府与共产党的观点没有严重的分歧"，这种讲法被周指责为"蓄意迷惑此地和国外的人民。事实上，两党在原则上表现出巨大的分歧"。周说，自西安事变以来，共产党一直认为，只有民主才能加强抗战，只有民主才能提供公正、正确解决国共关系和其他政治问题的基础。这不仅是共产党的看法，也是99%的中国人民的看法。"然而，国民党和国民政府统治当局的看法则不同。从开始到最后，他们一直不愿意立即实行民主，坚持国民党的一党统治，再加上限制、削弱和消灭别人的政策（狂妄自大地而且蛊惑人心地坚持别人必须服从和支持所谓统一，而不允许问一问所说的那种统一是否有利于抗战），这就是两党至今仍然谈不拢的真正原因。"梁说共产党保证要合作而行动却相反，周反驳了梁的这种说法，宣布共产党一直遵守1937年的诺言，而国民党一直没有实行民主动员的政策和真正实现三民主义，而这正是共产党作出保证的必要条件。

他接着详细地叙述了两党谈判的真实情况，这一谈判无论在军事、政治或财政方面，任何一个重要问题都没有达成协议。

最后，周恩来评论说，尽管梁说两党分歧正在解决过程之中，并且一再重申，中国确实应当避免内战，可是现实情况却与此不同。事实表明，上月对边区发生过多次袭击，即阎锡山的61军与日军和国民党军达成一致协议，进攻陕西的八路军；李品仙领导的军队攻击湖北的新四军部队，而这支部队营救过美国飞行员，当时还在进攻日军以牵制日军在正规前线的作战；还有一支国民党军队攻击了在广东东江地区作战的游击队。"这些事件表明，军事冲突仍在继续，内战危险尚未过去。"

他指出：总而言之，为了赢得抗日的最后胜利，国民党和共产党必须团结起来，两党之间存在的问题必须立即解决。为此，需要统治当局和国民党立即放弃一党独裁政策和那种削弱并消灭持不同政见者的政策，必须立即将民主付诸实施，两党关系必须通过民主程序达到公平合理的解决。"只有这样才能取得成功，而这是共产党所衷心希望的。"

我是在周恩来的窑洞里采访他的。这里只有一张床、一张桌子、两把椅子和几个堆满了书报的书架。一台小小的发报机正开始发送第一批新华社新闻电讯。当我问他所需的无线电器材如何取得时，他告诉我是他装在自己的手提箱里从重庆带来的。当时国民党当局对八路军和敌后抗日根据地连医药都不准供应，所以他常常利用经常来往于重庆与延安之间的便利，把宋庆龄主持的保卫中国同盟（我长期为它工作）所募集到的药品和医疗设备带到延安，因为他的座车和行李是不准检查的。有时他甚至于把许多体积虽小但十分宝贵的物件——如牙科的钻头和外科手术针——放在自己衣服口袋里带回来。

我第一次见到周恩来是在中国的抗日战争开始之后，1938年在临时首都武汉。我作为一个外国记者（当时是为美国合众社工作），经常到他领导的八路军办事处去访问，有时直接去拜访他。尽管我当时年轻、不成熟——我还没有满23岁，但他总是耐心而又热情地向我介绍情况。他说话有力、清晰、非常严肃而态度却又非常活泼——没有书生气、从不敷衍了事或使人感到枯燥乏味，这给我很深的印象。他多次派助手来告诉我各种事件和动向，使我对形势不断有新的了解。还有，正是他介绍我去采访了叶挺将军（即将出任正在组建的新四军军长）。关于这次访问的报道后来在国外被广泛采用，成为研究新四军军史的重要资料。

后来在重庆，我作为一个外国记者，所获得的最可靠的消息都来自周恩来的办公室，有的是直接取得的，有的是通过龚澎或他的办公室的其他工作人员，他们同外国记者保持着经常接触。

关于周恩来在重庆时的情况，我有一些个人的记忆，写下来与读者分享。

一是他的忘我工作。有一次他同外国记者交谈时，我发现他看上去非常疲惫，就建议他休息。他的回应是对我狠狠瞪了一眼，他对我的态度向来是十分亲切友好的，这是惟一的一次例外。

王震会见老朋友爱泼斯坦，忆及1944年中外记者团访问延安时曾在苛岚坡迎接他们。

二是他作为领导人的超凡魅力。在青年和老年知识分子的聚会中，他有时事先没有通报就来到了会场，不动声色地站在门口，以免惊动大家。但大家一旦发现了他，他马上就会成为一场生动活泼、富有意义的交谈的主角。

三是他的统一战线意识，即使是在最边缘的场合也不忽视。有一次，我们外国记者同董显光又为新闻检查问题吵得不可开交。在一个公开的招待会上，他趁同我握手的机会，低声对我说，不要对董过分为难。他这样说是为了对董和他的更反动的上级区别对待，还是只想提醒我不要表现得过"左"，我不知道——不论是为什么，他的话含义是很深刻的。

此外，周恩来同中共代表团中其他同志相处时那种"亲如一家"的气氛，也是很有教育意义和令人难忘的。不论是高级干部还是一般工作人员（厨师、警卫、通讯员等），他都平等相待。像他这样从不吝惜自己的人，不管多忙，总是挤出时间来关心下属的工作、学习和生活——

从婴幼保育到文娱晚会。我和另外一些外国友人参加过一次这样的文娱晚会,他担任指挥,还同大家合唱一些延安的歌曲——他有很好的乐感,还是个不错的男高音。

但是,在工作中,他对自己、对别人都是严格要求的,直到每一个具体细节。

他的整个人格就是一首诗,一个有修养、有原则、有责任心、有内在力量的人。后来,他成为了新中国的"敬爱的总理"。其实,早在他成为总理之前,他就为人们所敬爱了。

第十五章

History Should Not Be Forgotten

举国抗战

　　我用了相当多的篇幅介绍边区和新四军，因为他们不仅以此树立了一个范例，表明了中国人民抗战的意志，还是中国伟大的游击运动的先锋和最有效的部分。他们的重要性并不限于当时，他们在敌后已经建立并在扩大未来新中国的模式。

　　但是抗日的并不仅仅是未来中国的自觉的先锋队。中国的人民之战和全国统一战线保证这次斗争的胜利必将属于中国，其意义和力量在于：没有任何中国军队投降敌人。任何地方的老百姓都没有默默接受侵略者的统治。分散活动的中国流动部队，或者同其他部队保持松散的联系，或者接受中央司令部的命令，不断骚扰日军的后方。在所有的敌占区，中国农民传统的秘密帮派、村镇的自卫组织或者新建立的武装力量都坚持抗日斗争，因为在日军的统治下是无法过正常生活的。

　　为什么日本人的进攻到处引起爱好和平的居民如此强烈的仇恨和拼命的抵抗呢？只要读读田伯烈的《战争意味着什么》和范士伯（Amleto Vespa）的《日本的间谍》这两本书，就会很容易理解这一点。这两本书具体地描述了侵略中国的日军到处烧杀奸淫的可怕兽行。滥杀和奸淫成为日军的普遍现象，这倒不是因为所有日本士兵都是禽兽，而是他们接受帝国主义教育的必然结果，他们相信帝国主义对中国整个民族的侮辱是正义的，正如同纳粹分子残酷的大屠杀是德国法西斯制度的必然结果一样。

历史不应忘记

绥远的一位老大爷鼓励八路军战士多杀敌人。

日本人的掠夺也不是偶然的。日本公然宣称，它入侵中国的目的是为其头重脚轻的畸形经济寻找原料和销售市场。但它的经济十分脆弱，以致无法通过"正常的"帝国主义手段来占领这个国家，对其进行投资和加以发展。它必须从中国身上立即榨取利润来为其军事冒险提供资金。所以在它占领的城市中，日军不断掳掠废铁和一切可以变为现金的中国人的私人财产。在农村，它搜刮了农民最后一点点粮食。上行下效，日本军官和士兵则抢劫民财，中饱私囊。在日本军队中，抢劫不算罪过，而是他们打仗的目的。

这是确凿无疑的事实，观察这场战争的每一个客观的人士都证实了这一点。日本对中国的军事远征不仅危及中国的主权和领土完整，而且也危及每一个中国人的人身安全和个人财产，不管他是老式中国人，还是新派中国人；不管他是农民、工人、知识分子、商人，还是军人。

有两个条件使中国人民有可能抵御日本人的可怕侵略。第一是日军的战线太长，他们手中现有的那点兵力不可能防守远离交通线的地方。第二是全中国人民在一定程度上组织和武装起来了。像"红枪会"之类的老式农民自卫组织仍然存在于华中各地，仅湖南一省就有队员150万人之多。多年的内战使枪支散布于全中国农村。数以百万计的农民，通过断断续续地在省级军队中服役，通过农村民团和土匪之间的不断冲突、农民和地主武装之间的阶级斗争，学会了使用武器。

自从战争爆发以来，全国各地的民兵组织把这些枪支和人员集中起来，实行了强化训练。主力军撤退时留在敌后的或为组织群众而专门留下的小股正规军人进一步加强了这支力量，使之成为各省游击队的中坚支柱。典型的游击队甚至"红枪会"游击队中，最重要的组成部分是政治宣传员。几乎每个部队都有自己的慷慨激昂的演说家或漫画家。演说家其实只不过是老式说书人而已，他们用古老的说唱形式歌颂游击队的事迹。随着时光的流逝，比较现代化的政工人员设法找到经过早期的残酷斗争而幸存下来的游击队。也有一些游击队主动同有组织的中心建立联系。

但是下面写到的，只是一段时间内日军犯下的部分罪行和他们遭到的抵抗，自然不会是中国战事的全部。

东北

中国在东北的有组织的抵抗从1931年持续到1933年，直到马占山、苏炳文、李杜、王德林等将军领导的军队最后不得不退到苏联境内为止。在以后的两年中，无数独立的游击队对侵略者进行了零星的战斗。这些游击队是各式各样的，有的是由地主和东北军老将领统率的；有的主要由工人组成，受共产党的影响很大；还有一些游击队，大部分是"红枪会""红胡子"帮会成员、武装的农民、东北传统的骑马边匪。日本人发动了许多次"剿匪战役"，但是只不过杀害了一些无辜百姓而已。为了巩固其对农民的统治，他们采取了集体屠杀和无比残酷的行政措施，如在一个地区烧掉所有的村庄，强迫居民集中到一个村庄，由一支驻军看守。

然而游击队继续发展壮大。为了同自由中国的发展相适应，他们也在政治上采取统一战线的做法，实行统一指挥。1936年，共产党领导的"人民革命军"由前东北军组成的"反日联军"（地主谢文东领导其佃农抗日的"自卫军""铁血军"和"救国军"全都合并于李杜将军领导的"反日联军",他的职务于1937年得到南京中央政府的确认),还有其他抗日武装,一律改称东北抗日联军。这支联军拥有的正规军和游击队共达15万人之多,其中有中国人、蒙古人、朝鲜人、侨居东北并参加抗日的白俄人,甚至还有从日军投奔过来的人。后来,它分成12个军,其中的一个军,即二军,主要由朝鲜人组成。联军的弹药给养,一部分是从日军手中缴获的,一部分是由友好的"满洲国"军队秘密提供的。这些抗日军队依靠人民的同情和自己多年抗击数十万日军的经验,采取机动灵活的战术。各军都设有政治部,许多从城市逃亡出来的知识分子做了大量极有价值的组织工作和宣传工作。

抗日联军的基本政策很简单,就是收复失地、帮助中国政府军队抗日、没收日本人和伪政权人员的财产资助抗日活动。根据卢沟桥事变后一次联席会议的决定,这12个军分别在四个战区作战。在这四个战区内,日军占领了大部分领土。第一战区由第一军军长杨靖宇管辖,包括辽宁省东部。第二战区包括吉林省东部地区,由第四军军长李延禄管辖。吉林南部是第三战区,由第五军军长周保中管辖。第三军军长赵尚志负责黑龙江省北部的第四战区。

日本作者伊藤在东京的《世界导报》上写道:

"根据官方的战报,在东北事变以后的三年内,日军和义勇军作战共1850次。如果我们把报纸上报道的材料收集起来,从1935年至1938年战斗的次数一定会超过以前三年的战斗总数。"

东北义勇军是中国人民抗日的先锋队。他们高举斗争的火炬,鼓舞了一代英雄的青年。在所有的中国军队中,东北义勇军最先实行统一战线,并巩固了这种做法。《义勇军进行曲》就是流行全中国的抗战歌曲。

日本人试图对东北实行铁的统治。他们让整个村庄的居民以自己的生命担保没有义勇军的活动。农村地区建筑了许多公路、铁路和堡垒。日本驻军达40万人,"剿匪战役"一刻也没有停止过。然而,甚至亲日的出版物也不得不承认,居民们是坚决爱国的,日本的权力中心不断遭到大无畏的中国人的严重打击。

米切尔在1938年8月一期的《东方事务》杂志上写道:"东北人

把中国其他地方叫作'关内'。关内战争对东北的每个人产生了深刻的影响……当懂得汉语的外国人在乡下旅行时,农民、商人等各个阶层的人士一见面,就询问关内战况……当地人民明白,必须把自己称作'满洲国'的臣民。然而,在绝大多数的情况下,我们发现他们是完全支持中国中央政府的。奇怪得很,我们在中国内地听到的那种团结精神同样传播到了东北中华儿女的身上。"

米切尔还谈到,日军承认1937年在东北"剿匪"行动中死伤1300人。任何了解日本军事数学的人都明白,这实际上意味着日军的死伤人数比这个数字多许多倍。

还有一位作者在同年12月一期的《东方事务》杂志上写道:

"在沈阳,日军的冬季补给品、军服等被人放火烧掉,这无疑会影响'满洲国'实行的羊毛禁运政策……"

东北人民群众也在为抗战尽自己的一份力量。

到1938年底,发生了一件充满戏剧色彩的历史性事件。

八路军组织民众平毁封锁沟。

历史不应忘记

晋察冀边区的游击队和八路军的正规部队越过长城，进入热河和辽宁，同那里的义勇军建立了联系。这是中国军队首次开进东北失地。在白雪皑皑的山上和平原，响起了兴高采烈的欢呼声，坚强不屈的战士们欢笑着，奔向对方。11月14日，成立了冀热辽边区战区。

根据1939年初重庆中央政府发表的一项命令，热河、辽宁、吉林、黑龙江四省的省政府正式恢复建制。他们在日本入侵后曾一度中止活动。虽然大家认为这不过是一纸空文，但两股游击队铁流在"满洲国"边界的会合毕竟为此奠定了基础。

内蒙古

"田中奏章"是日本帝国主义的《我的奋斗》。在这个臭名远扬的秘密文件中，日本一直把东北和内蒙古视为必须首先夺取的一块基地，然后才能进一步在亚洲大陆实现其野心。事实上，日本用武力占领东北后，便立即把它的触角伸向内蒙古的草原，正如同希特勒德国的魔爪慢慢伸向富饶的乌克兰一样。1931年东北事变后，1933年就轮到热河。接着，日本人就于1935年吞并了察哈尔南部六县而成立了所谓"自治的"内蒙古走廊。1936年，日本人的"蚕食"遭到当头一棒，傅作义将军在百灵庙大败日蒙"自治"政府的军队，使全中国为之振奋。

当中国管辖的内蒙古终于开始进行抵抗的时候，外蒙古成立的蒙古人民共和国成为日本前进道路上的一块绊脚石，阻挠着它建立一个蒙古帝国的美梦。蒙古人民共和国承认中国的宗主权，但它的边界已经受到同苏联签订的互助条约的保护，不受侵犯。当日军于1935年进犯它的领土时，新成立的蒙古军队在贝尔湖教训了他们一顿，对此，他们是不会很快忘记的。

这样一来，在卢沟桥事变以后，日本人就只能去征服内蒙古了。早在战争初期，日军就打到了平绥铁路的终点站包头。但是，他们后来再也没有什么进展。马占山的骑兵游击队不断袭击日军的交通线，消灭其驻军，收复一座座城镇。这位机智灵活、骁勇善战的将军在东北曾使日本人大伤脑筋。

在百灵庙大捷的傅作义将军于1937年10月离开内蒙古开赴山西去保卫太原。他英勇保卫太原的精神，甚至日本人也不得不佩服。后来，他回来了。他的军队包围了日军单薄的防线。来自边区以及陕北、陇东、宁夏南部以前苏区的八路军和与他有联系的游击队提供了自己的经验。参加这次战役的，不仅有中国战士，而且有大批蒙古军队，其中许多人接受过日军的训练。在日军包头阵地以西几英里处，驻扎着马鸿逵将军的半土耳其式的骑兵。

马占山的骑兵在敌后对日军的不断袭击，拖住了大批日军，延缓了他们进攻的速度。自那时以来，这种袭击从未间断过。这些勇敢的骑兵闯入包头和归绥（即今呼和浩特），夺取了日军的补给品和大炮，使日本人在内蒙古的先头部队长期以来无法进一步前进，只能维持其岌岌可危的地位。如果日本人能用现有的兵力继续往前打，他们该多么高兴。西南不远的地方就是陕北及其中心城市延安。延安是中国共产党的"首都"，是抗日军政大学的所在地，它是一切进步事物的象征，是日本帝国主义者最仇恨的。通过宁夏往西去，就可以攻打来自苏联的军用物资的主要运输干线。然而，一年多过去了，日本人只能死死守着铁路线，没有前进一步。

在中国军队机械化部队的冲击下，日军的骑兵败退。

历史不应忘记

在我们离开内蒙古草原以前,有一件重要的事实必须指出。经常投诚的,不仅有"满洲国"的伪军,而且有日本人训练出来的蒙古军队。这种投诚在1938年11月达到高潮:张家口附近的10000名蒙古兵反正,他们杀死日本军队,骑着马向西投奔马占山。不仅日本人"用中国人打中国人"的战略没有成功,而且也未能用蒙古人打中国人。蒙古人在过去中国军阀统治时期,无疑遭受民族压迫,吃了不少苦头,因此,一度听信了日本人的花言巧语。但很快就不是这样了。现实生活教育了内蒙古的部族、公主、喇嘛、平民百姓,使他们明白,只有全心全意地参加中国的抗日斗争,他们的民族才能免于成为日本强权政治中的马前卒,每个人才能免于成为日本军人的奴隶。与此同时,在陕甘宁特区和晋察冀边区的代表机构中,一批蒙古族人体会到未来是什么样子:他们将作为中华民族民主联合体的平等成员占有自己应有的地位。他们还看到,正是在共同抗日的斗争中,这个未来的美景开始逐步形成。

山西

山西省简称晋,位于绥远以南、日军侵略内蒙古的西线。山西的高原有着丰富的矿藏,是控制华北平原的咽喉,早为日本人所垂涎,然而却可望而不可即。正是在这里,中央军、省军和八路军共同采用八路军的游击战术,打得日军晕头转向,表明它不善于山地作战,对付不了游击战。所有这一切发生在这样一个省份:那里的地租、利息高得出奇,典型的金融机构是当铺,主要的财源是鸦片;军队吃得坏、装备差,是一群乌合之众,即使在内地省级军队中亦属下乘。这次战争爆发后,山西农民仍然一见中国军队来了就纷纷逃走,正像他们听到日军进村赶快逃跑一样。而后来,军民关系则发生了变化。

省会太原陷落后,在山西统治了20年的阎锡山将军认识到,只有广泛开展游击战,才能阻止日军,巩固其地位。他批准在临汾开办了一所军政大学,由来自全国各地的进步人士讲授抗战的政治理论,八路军的将领们则担任游击战术教官。学生们、政工人员和军官纷纷到这所学

1940年，晋察冀青年抗日先锋队1000余人举行拥军支前誓师大会。

校进修。与此同时，他向所有的县长发出了通告，要求那些没有能力积极领导民众抗日的县长立即辞职。还公布条例，规定了山西民众应当享有的权利和义务。这本是早就应该做的事。这些条例一方面号召民众同军队合作，另一方面明确禁止无偿征调、强行拉壮丁和强制驻扎民房。

临汾失守后，在山西省活动的军队并没有向黄河对岸撤退，而是沿山西省西部边界迂回到敌后，在日军侧翼建立阵地。山西最初分为七个游击区，后来增加到九个。我们已经介绍了晋东北、五台山政府所在地的情况。我们也已经了解留在晋南的中国军队英勇抗击日军的多次进攻，阻挡了敌人在潼关渡黄河。在晋西北，贺龙领导的八路军一二〇师，在友军的配合下，挡住了敌人西犯陕西的行动。

在1939年1月至4月间，日军多次企图进攻西安，都遭到粉碎性的打击，未能得逞。"被征服的"山西不是日军的堡垒，而是中国人的堡垒。在太原失陷一年半后，日军只控制了山西省10%的领土，而且局限在铁路沿线的狭长地带。

历史不应忘记

豫北

简称为"豫"的河南省到处都是游击队。中国的文明是从这个干旱多尘的省份经过世世代代的努力发展起来的。这里也是古代中国和亚洲通商孔道的交汇点。省里相当一部分人口是回民。这里还有一些犹太人，他们是 20 世纪初作为西欧的生意人来这里做买卖的。

在军事上，河南是中国的大战场。多少世纪以来，敌对的两军都曾在河南平原摆开阵势，进行历史性大决战，使居民饱尝内战之苦。他们历来有强大的自卫组织，光"红枪会"就有 150 万人。内战留下的另一个遗产，是有 60 万支枪流散在民间。

来自豫北的一个传教士向我讲述了日军占领后那里的情况："居民们遭到屠杀掠夺，日军犯下各种暴行。但是，当日军没收他们的粮食种子去喂日军炮兵的澳大利亚大马时，老百姓再也不能忍受了，因为这些种子决定着他们明年的口粮啊。'他们奸淫妇女，拿种子喂牲口。'农村到处流传着这样的话，农民们不得不起来造反了，日军每天都遭到袭击。在公路上，日军的运输车遭到伏击而被摧毁。每当发生这样的事，日本人就烧毁整个村庄，杀死所有的居民。但这也无济于事。政治人员又到造反的农民中做工作。现在，游击运动遍及全省。"

多少世纪以来，河南匪患连年，使土匪人数大增。日本人来后，把这些土匪搜罗起来，组成部队，对其头目授以军衔。日本人认为，他们终于找到了他们求之不得的、可以为他们效忠的中国军队。他们高兴地说这是"中国的佛朗哥"。然而，他们的美梦破灭了，华北的一位英国作家对此作了如下的描写：

"有许多事实证明，这些部队并不可靠。现政权（指北平伪政府）创建的一些准军事组织中，有一支部队提供了一个例子。公安部直接领导的反共第一军军长李复和 8 月初在北平视察部队返回时，在豫北的一个镇被杀。袭击他的是参加他的军队的游击队。这种事情是很难防范的……

"日本人原先对他寄予很大希望。他在北平访问时，日本人正式承认了他的地位，他得意洋洋地进入豫北。在当地他以'东方的佛朗哥'

1938年秋季,八路军参战部队活动在山西五台山、冀西地区的山岭中。

闻名。据说,一位意大利军官到河南,观看了李复和部队的演习,印象很深,给了他以上的绰号。"

在河南,像在别处一样,汉奸逐渐被消灭,而中国人民的抵抗则不断发展和加强。在"日占区","被日本人承认"就意味着死亡。在当时的中国,"佛朗哥"的荣耀是长不了的,不管他是昂首阔步在占领区,还是阴谋策划于重庆;不管他的名字是李复和,还是汪精卫。

河南与山东接壤。山东省简称为"鲁"。在黄河北岸重新建立起来的鲁西行政区,开始时同豫北差不多,但是不久就大大加强了,因为津浦铁路工会的工人战斗队和来自边区的大批政治组织者加入了他的行列。

据可靠消息,在黄河以北敌后活动的中国军队和有组织的游击队超过60万人。较大的正规军是八路军,有10万人;阎锡山和傅作义的军队在晋西和绥远有7万左右;卫立煌领导的由德国人训练出来的5万中央军活动在晋南;还有河南和东北军的几个师在太行山。在战争爆发以后发展起来的几支新军队中,最大的是边区10万人的游击队。这些数字还不包括小股游击队和地方自卫武装,而只是由中央指挥和控制的部队,不过,他们也可以分散成小股部队,以便进行游击战。

这些军事力量粉碎了日伪政府企图在占领区确立其统治的阴谋。他们把日军的控制限制在铁路沿线极不牢固的阵地上。为了保持这些据点，日军在华北投入了11个师、30万兵力，每年耗费帝国巨额钱财，但却除了抢劫一点东西外，什么也捞不回来。在军事上，日本不能动用这些兵力来对中国或者苏联发动新进攻，反而大大削弱了日军的整体进攻力量。

安徽

比较靠东的皖豫边区（"皖"即安徽），地形完全不同。这里是个山区，主要是大别山脉。包括新四军在内的游击队在这里找到了理想的用武之地。在1938年9月的大战中以及在以后的岁月里，他们不断地给敌人以打击，炸毁山上的公路（在那里是很难进行修复工作的），不间断地袭击敌人的岗哨和交通线，还拦截伏击敌人的运输车队。他们成功地打乱了敌人的计划。最北部的新四军曾一下子夺得120辆卡车。

皖北之所以成为敌后有效的抗日地区，不光是得地理之便，这方面的功劳应大部分归之于组织群众的运动。这项工作在日本人占领之前已经开始，敌人来了以后进一步加快了速度。

这项工作是由李宗仁将军的群众动员委员会开始的。李宗仁当时是第五战区司令长官，同时兼任安徽省主席。在介绍台儿庄大捷的那一章里，我们已经谈到这个委员会在保持徐州人民和鲁南前线的士气方面进行了有效的工作。在安徽也形成了这种自信和自力更生的气氛。

全省的中学毕业生都予以登记注册，从中抽调了2000人加以培训，然后担任村长、小学校长和民兵指挥官三种职务，像广西实行的那种制度一样。另有1000人编入群众动员小组，每个小组吸收15岁到20岁的男女青年参加，人人分工明确，各司其职。在动员委员会发布的总指示的范围内，这项工作的具体部署由各单位以多数票民主决定。一旦作出决定，则以军事纪律保证其严格贯彻执行。小组成员月薪12元，以此保证其饮食和其它一切开销。

合肥陷落后，这些小组遭受严重挫折，一些小组成员被敌人的骑兵抓住杀害了。但工作并没有停止，他们很快地适应了新的形势。一些青年继续进行宣传和组织工作。另一些人则自动地拿起武器，成为新的游击队的核心。

在凤阳附近活动的一个小组在该城沦陷后的几个星期内就组织了一个有3000人的"红枪会"。在合肥附近活动的另一个小组成员把自己的月薪从12元减到3.5元，用节省下来的钱购买了武器，一有时机，就拿起枪杀敌。和县是美国巴纳号舰被击沉后的幸存者最初避难的地方，在那里，以前在南京中央大学念书的一个学生跟他的同乡们一起组织了一支部队，用40条旧式火铳击退了首次出现在该地的一批日军侦察兵。在六安，一位25岁的从陕北公学毕业的青年组织了一个"青年战地服务团"，从日军手中收复了该城，接着发展成一支很大的游击队，从长江到大别山，转战该省各地。一个师范学校的女学生组织的"女子服务队"跟随这个男青年服务团到敌后，去村里做宣传工作。

像其他以人民群众为主进行斗争的地方一样，在安徽省，统一战线也是很强大的。旧式正规军、新四军和许多游击队组织合作得很好。

中国青年非常佩服的三个人的名字同安徽的抗日斗争联系在一起。

章乃器先生是上海爱国的银行家，是战前由于进行抗日活动而被逮捕的救国会七君子之一。他后来是安徽省的财政专员，负责筹措游击战经费。

胡兰畦女士是一位进步的青年作家，她在留学德国时，曾被捕入狱，熟悉纳粹监狱的内幕。她领导着一批上海女工。她们把宣传、戏剧和流动学校结合在一起。安娜·路易斯·斯特朗在她的《人类的五分之一》这部著作中，讲到这支队伍如何宣传军民合作。我在汉口见到胡兰畦时，她给我留下了极其鲜明生动的印象。她身材不高，长得很丰满，虎虎有生气，头戴钢盔，身穿军服。她满怀感情地向我描述了她们初期工作的情况。当那些姑娘们第一次远远望见长江彼岸的抗日游击队员时，由于没有渡船，过不了江，便隔着广阔的江面，使劲地给他们唱歌。后来，她们同游击队员战斗在一起，什么江河也分不开他们了。

最后是方超尘老人。他是中国青年崇拜的英雄。当时他虽然已经72岁高龄，却领导着一支很大的游击队。他在清朝曾得过功名，辛亥革命时曾在皖北指挥过一支起义的军队。日本侵华前，他早已退休了。凤阳和定远的人民无人不知道他，对他佩服得五体投地，所以他一声号召，人们便纷纷集合在他的旗帜下。他对他们说："我们会使用武器，我们熟悉这里的山川河流。为什么我们在自己的家乡当亡国奴呢？"当4000多人参加他的队伍后，方先生领导他们对重要的铁路枢纽蚌埠发动了一次反攻。这支游击队还在其他地方多次同日军交火，重创敌人，有一次它自己也遭受重大损失。在汉口沦陷以前，方先生的家属住在该城的一个难民营里。政府打算特别照顾一下他们，但这位老将军甚至连给军属的一点微薄的补助都不要。他的战士吃的和装备都很差，受伤以后得不到治疗。他看到，必须让政府给游击队的抵抗活动提供更多的经费，便特地向武汉提出要求。当政府给他的家属补助时，他说："我希望你们把这些钱用来给我们的游击队员提供基本的生活必需品和打仗补给品。"

这就是凤阳和定远的游击队的白发斑斑的老领导人、安徽伟大的老人的精神。

江苏

当时，江苏这个沿海省份包括上海和南京，向北一直延伸到徐州。除了许多铁路沿线的城市外，全省仍然掌握在中国人的手里。苏北的整个地区为陇海路的东段所横贯，直到海边的海州（今连云港市辖海州镇）。这一地区自徐州失守后，由6万正规军防守。苏南是顾祝同将军领导的第三战区司令部所在地。在这一带活动的许多游击队，包括新四军，对沦陷的首都和中国最大港口城市构成经常的威胁。

韩德勤将军是保卫徐州的主力向西撤退后留下来的师长之一，后担任江苏省主席。省府设在阜宁。李明扬将军是徐州群众动员委员会的组织者，他也留下来与人民群众一起在正规军离开后坚持斗争。

苏北一小股正规军的活动不亚于苏南的新四军，他们不断骚扰日军。1939年2月和3月期间，日军占领了海州，在这个地区横扫了一阵子，宣布自己获得胜利，便把主力转移到别处。中国军队立即打回来，收复了失去的一切地盘。4月14日，日本人宣布说，苏北的游击队得到八路军的增援。八路军的部队活动于山东,这是千真万确的。至于它是否进入江苏,还是个疑问。不过,日本同盟社的消息倒是证明了一件事。当日本人发现一支军队善于运用人民战争的游击战术时,便把它称之为八路军。江苏的游击队显然是符合这个条件的。

上海地区

新四军控制着长江以南的从南京到常州一带地区。常州以东到上海一带是戴笠将军的"忠义救国军"控制的。这支部队在上海郊区和黄浦江对岸的浦东一带进行游击活动。它是由青红帮组成的。青、红帮是中国两个最大的秘密帮会,以前在上海市政界颇为有名。战争爆发后,青红帮坚决抗日。虽然他们没有组织群众性的武装力量,但他们的飞枪队摧毁了许多警惕性不高的日本据点。他们的人还单独地进入上海市,暗杀伪政府官员、间谍和汉奸。在这方面,他们是非常高明的,自己的人很少被抓住。尽管如此,他们也牺牲了百把人。在这个敌人占领的城市中,汉奸受到惩罚的速度比中央政府拥有绝对控制权的地区还要快。

在上海西郊和浦东,激烈的游击战经常不断。为了对付游击队,日军出动数千人的兵力,还有飞机、坦克、大炮的支持,但上海市民惟一看到的,是卡车源源不断地把日军伤兵运进市内。每次战役后,日军都声称彻底消灭了狡猾的敌人。但几周以后,又必须发动新的"扫荡",如此周而复始。

在抗战的过程中,爱国武装力量和汉奸的部队发生过小规模的"内战",浦东就是这样一些发生"内战"的地方之一。浦东的一支汉奸武装力量的司令在一段时间内也曾经被称为"中国的佛朗哥",如同河南的李复和一样,然而这只不过是日本人的愿望而已,并非已成为事实。

想当浦东头目的徐洪发过去曾经是一个土匪。战争爆发的时候,他由于武装抢劫被判处12年徒刑。大赦获释后,他参加了上海附近的一支游击队,后来当了一支由以前的歹徒恶棍组成的部队的头目。当他拥有1000人时,他便同日本人狼狈为奸,以一个独立的军阀自居,谋求权位和财富。当他获得伪"自卫团"总团长的名义后,便向这一地区的所有游击队发出最后通牒,要求他们服从他的指挥。

当他的最后通牒被拒绝后,他便领着日军去打游击队的司令部,为日本轰炸机指示轰炸目标。在日军机械化的支援下,他发动了围剿他以前的同伴的战役,结果是彻底失败了。这个"佛朗哥"的伪军各自逃生,他本人受了重伤。浦东的大部分仍然掌握在中国人的手里,正规的行政机关照常办公,游击队挡住了敌人的进攻。

华南

广州沦陷以后,游击队就立即在华南活动起来。在日军登陆以前,民团就拥有30万人和许多枪支,从他们的队伍中发展游击队是不困难的。各行各业的爱国志士,从老军阀李福林的部下到新四军的密使,都致力于发展华南的抗日游击活动。

东江地区很快就收复了。入侵的日军曾从大亚湾登陆,通过这里向广州进攻。日军同新建立的游击队多次交火以后认为,保持这条通向大

在广东从化前线中国军队某旅渡河出击。

海的交通线太困难了，所以他们撤到广州。在那里，他们可以通过西江直接得到增援和补给品。从那时以后，他们满足于在海军的支援下沿着江岸向西谨慎地稳步扩展。强大的中国正规军和游击队使他们甚至不可能巩固对广九铁路全线的控制。广东的游击队之所以没有发展到北方和长江下游一带抗日根据地那样大的规模，是因为日军并不打算占领全省。他们集中在以广州为中心的工事较强的小范围地区。他们的舰队控制了水路，没有必要再依靠陆上交通线，因为后者容易遭到游击队的袭击。因此，对广东的反攻必须由正规军和空军进行，他们在袭击敌人的舰只和水上运输方面已经取得了很大的胜利。

常德

在说到华南的时候，有必要单独提一下常德。

1943年12月12日，湖南省重镇常德被中国军队从日军手里夺了回来。一位美国驻华记者随军入城并写了一篇报道。他说，常德是一座曾经有16万居民的城市，又是中国洞庭湖西岸的棉花和稻米生产中心。可是当他走进劫后常德的时候，很久很久没有找到一家邮局，市内仅存的两座有屋顶的建筑，是西班牙风格的教堂。然而，常德城原来的建筑并不脆弱。用砖砌筑而成的高约9英尺的坚固城墙，将全城围着。被日军攻陷后，不仅一般房子的屋顶被炸飞了天，就连昔日的城墙也只有颓垣废瓦了。面对日本人的进攻，中国军队坚守了16天，失守后仅仅让日本人占领了5天，就又经3天的苦战，重新收复了常德。

他说，从他进城后看到的惨状可以断言，常德之战是中国战事中最激烈的一次。他曾去过上海、台儿庄，那里被日军蹂躏的状况均无法与常德相比。他从身经百战的老兵和没有撤退的老百姓那里听到，甚至每一条街道、每一个地点都有一个故事。南城门面对着宽广流急的沅水，在那里曾有一个星期的激战。在战事结束前，连伙夫、担架兵也利用从敌人手中夺来的步枪参与了战斗，砖头、石块、竹竿等也都被中国军队用作武器，以阻止敌人渡河登陆。100名中国士兵坚守着绕城而建的五

历史不应忘记

座古钟形碉堡。东门被敌人以长距离的 75 毫米大炮轰开。守军的炮兵在打完了炮弹以后，就变成了步兵，向敌人又发起了三次冲锋，团副壮烈牺牲。参与全城防御的只有 57 师的 5000 人马，面对的是 6 万敌人的兵力，但他们反而使敌人蒙受了 90% 的伤亡。守城的中国士兵久经训练，使极为有限的弹药发挥了最大的效果，他们向敌人开炮的原则是："没有目标不放，不看准敌人不放，不能确保击中目标不放。"

这位美国记者感慨道，即或中国战场形势有所变化，也改变不了中国老百姓的斗志。至 12 月 12 日，中国军队又恢复了常德的安全。同日，一小股日军企图再次入侵。原住在城内的老百姓也恰在此时返城。他们在敌人占领前疏散到沅水的南岸，就在敌人的附近等待着敌人的失败。从他们口中他得知，日军在许多村庄里强奸妇女，强令壮丁运送给养，老弱妇孺均被杀害。有一个妇人，丈夫被掳，父亲和叔叔被杀害，敌人来后又抢去了她所有的食物，砸毁了家里所有零星什物。敌人抢到的粮食无法运走，就堆起来烧掉。他知道，这些居民多半没有受过教育，决无宣传的观念和取悦外国人的心理。中国力量的伟大源泉，就是这些老百姓的不怕苦的忍耐精神，一旦加以组织，这些无抵抗的力量就会变成有力量的行动。

日本兵的残酷杀掠不光是对着中国人的，在常德的西班牙籍的天主教教士也难以幸免。日本兵殴打了 59 岁的老牧师王德纯，同时抢走了他的粮食、金匙、教服和金十字架。他们还想奸淫道姑玛提利慈百、托佛朗可。当日军企图伤害那些在教堂避难的妇女和儿童时，牧师和道姑同加阻拦，因而挨打。西班牙籍的王德纯后来在 5000 人的大会上说："日本人的暴行确非人类的行为，我亲见他们杀人、奸淫。我自己也遭到抢劫、殴打和侮辱。我希望西班牙尽可能于短期内参加盟军作战。"

这位美国记者又写道，常德之战不仅是值得纪念的，也是可赞誉的。美国空军参加了这次战事。中美空军的联合行动，致使敌人难以得逞。在整个战役中，美国空军曾给予日军以不断的阻击和轰炸，同时为中国部队运送给养。当日军占领这座城市之后，盟国的空军又使敌人无法补充兵员和给养，让占领者没有得到一刻安宁。由此看出，经过六年的苦战之后，中国的潜力尚未耗尽，只要有适当的支持，中国军队仍足以完成任何使命。

第十六章

History Should Not Be Forgotten

抗战的最后阶段

交战国面临的问题

从 1943 年中到 1945 年 8 月日本投降,是抗战的最后阶段。这个时期内发生的情况是很重要的,因为它使以前的各种事态发展集中到一点上了。

国际战线的双方第一次要在中国的地盘上遭遇。在这里的日本军队是敌军,只能依靠空运的美军作为友军陆续进入。在外围地区,尼米兹和麦克阿瑟的两栖部队正向中国沿海挺进,苏联的远东地区红军则在满洲边界上摆好阵势。大决战日益临近。

日本想把中国变成最后一个大堡垒,或者至少是变成一个进行长期消耗战的战场,以避免最后的彻底战败。即使不得不投降,他们也要在自己身后留下一个软弱和不团结的中国。他们想,战败国地位不会是永远的。

美国在中国的目标是防止这种情况的出现。美国已经建立了海空优势,但是日本的陆上力量继续统治着大陆。即使海军登陆,也无法解决把大量军队和物资迅速运往没有公路可通的内地的问题。单是海空优势肯定不能取得彻底胜利。在华日军证明,它可以夺占重庆军队没有能力保卫的机场,使美国空中力量发挥不了作用。美国为了节省自己的部队和尽早结束战争,就需要一个比较强大的中国。这就要改编蒋介石的软弱而无所作为的军队,并且把他用于封锁共产党军队的 50 万部队调出来。这还需要同北方的共产党领导力量相协调,但这又因美国的基本政策与眼前战争的需要之间矛盾而行不通。蒋介石一部分是美国政策的产物,但在军事上他却是一个包袱和破坏者。美国军官对中国共产党人作为一支战斗力量有很高的评价,但是华盛顿在政治上害怕他们,这种害怕实际上是支持中国现状的旧传统的继续。

对重庆政府和国民党来说,这个问题是怎样保持对国家的控制。他们愿意让别人去同日本人打仗,自己则准备重新征服新民主主义制度已发展起来的地区。如果重庆不得不丧失领土的话,他宁肯让日本人来控制。要是日本人被打败了,他们牢牢控制的地方将原状收回。但是如果到了共产党手里,以前的封建势力必然会遇到人民的抵抗。因此,布鲁克斯·艾金森在发给《纽约时报》的著名通讯中写道:"史迪威与蒋委员长之间的分歧是,美国要打日本,委员长宁肯不打。"

对解放区来说,情况完全不同。他们的经验证明,抗日战争要成功,必须实行反封建改革和动员民众,而任何积极形式的抗日斗争都必然能取得这种进步。他们迫切希望结束中国的进步运动在国际上已有一个世纪之久的孤立状态。他们可以以军事援助形式给盟国的事业很大帮助,但他们只要求得到很少的东西。在战争的最后阶段,他们希望能支援盟国打算在中国沿海登陆的行动。他们认为,这样的联合行动,不仅会加速日本的灭亡,而且会改变外国同中国合作的性质,因为迄今为止外国是只同中国的旧势力合作的。

除了战争之外,解决这个与暂时的分裂截然不同的问题,对整个中国的前途是很重要的。这对刚刚成立的联合国全体而不是个别的会员也是很重要的。

举行反攻时,中国仅仅是一个战场呢,还是一个积极参与者?这将决定它究竟是作为一种奖赏进入和平,抑或在名义上和事实上都是一个共同战胜国进入和平。

抗战最后阶段的努力和整个反轴心国阵营战略上的需要而造成的各种事件独特的结合,会不会促成一种新的民主的团结?这样的团结可以保持到战后以加强中国,使之作为亚洲进步的基石和制止日本法西斯主义复活的王牌。

帝国主义勾心斗角和内部的社会紧张关系会不会在最后关头使中国瓦解，从而开始又一轮过去几百年经历的悲惨历史呢？如果是这样，中国将继续成为一个国际足球，亚洲的解放将被阻挡，重开大国之间为争夺对中国和亚洲两者的控制权的斗争。

日本面临着自己所犯的错误带来的结果

日本1943至1945年在中国的处境的主要特征是，尽管它的军队在战场上是最强大的，但是它在战略上已经吃了败仗。东京原来的时间表规定，在开始任何更大规模的战争之前"了结支那事件"，但是在珍珠港事件那天，中国仍然顶住了。日本在自己后方的事情未了结的情况下便在印度支那、马来亚、荷属东印度、菲律宾和缅甸发起了战役。

在轴心国还有希望打赢这场战争时，这个情况还不算严重。但是，德国在斯大林格勒被击退、太平洋上的海军主动权转到美国手里以及日本的势力已证明无法延伸到印度时，这个情况就成了威胁。1942年以来，飞越喜马拉雅山驼峰的美国飞机在国民党后方建立了基地。与此同时，华北敌后战线的发展牵制了日军许多个师。在这种情况下，如果美国在华中沿海登陆或苏联进击华北日军阵地，对日本来说将是不祥之兆。不论是美国登陆还是苏联进击，解放区都许诺给进击部队以有效的配合。

这种局面是怎样形成的呢？历史上所有征服者试图征服大而人口多的国家的情况提供了这个问题的答案。要打败大而人口多的国家，单靠较大的进攻力量还不够，必须迫使他们的领导中心投降，摧毁他们人民的战斗意志。要不然，在他们的巨大而松散连续的地方，任何入侵者都没有力量到处驻扎大量军队，这就始终为解放战争提供了机会和基地。这种机会，如果利用得当，可以导致继续不断的抵抗，最终拖垮和赶走侵略者。正是这种要抵抗的坚持不懈的决心和日益扩大的军事动员，使人民变成了军队，赢得了美国革命的胜利和在1812

年把拿破仑赶出了俄国。

同军队打的主要是军事仗。对人民的抵抗，打的是政治仗，目标和战略是政治性的，尽管也要用武器进行。一个经常采用但又难得成功的办法，是通过大规模的恐怖手段来瓦解人民抵抗的决心。日本人在南京的屠杀奸淫、对广州和重庆的狂轰滥炸以及在游击队地区实行烧光、杀光、抢光的"三光"政策，就是试图达到这个目的，但他们失败了。

不那么引人注目但经常比较成功的办法，是利用被入侵国家存在的政治分歧。日本从1931年侵占东北到1937年全国抗战开始期间，采用帝国主义的老伎俩，捞到不少好处。它用计诱使中国政府姑息它，同时又用警察措施对付爱国者的抗议来保护这种姑息政策。国民党政权整整六年成了人民的愤怒与人民的真正敌人之间的缓冲物。蒋介石要么领导抗战，要么成为日本侵略者的附属物，让人民自己去抗战。由于民众运动的发展壮大，日本人的阴谋诡计也告失败。

在接着发生的战争的第一阶段，日本军队是"惩罚"中国政府，因为中国政府轻率地同人民携手而不是约束人民。与此同时，他们攻占了一些大的通商城市，这些城市过去是国民党力量的主要中心，西方财团的据点，也是两者之间的实质联系。东京希望通过这样的手段向中国统治者证明，中国人的决定是仓促轻率的，也希望向英美证明，希望中国能制止日本进军的任何想法都是枉然的。日本认为，如果能使西方相信这一点，那么西方将愿意出卖中国，通过谈判保住西方能保住的利益。

每一件事的结果都部分地有助于证明抱这样的希望是有道理的。汪精卫和国民党的一部分投降了，其他一些派别动摇了。美国和英国虽然鼓励中国人不论付出什么代价都要抗战，但是却继续同日本做生意，而且承认日本不论在什么地方建立的统治都是事实。

因此，日本又一次认为，根本不需要军事手段就可以完成这个任务。南京和武汉陷落之后前线出现了短暂的平静，与此同时它便设法诱使蒋介石进行和谈。这些试探遭到了拒绝，因为尽管日本明显地取得了胜利，但是它也造成了两股力量，无情地注定了它的失败，这就是全中国人民奋起抗战以及日本同西方大国的矛盾发展到了只能用战争解决的地步，不管暂时的形势如何。在日本初期的闪电战未能达到目标后，已经可以清楚地看出，要征服中国，惟一的办法是经过一场旷日持久的战争，在这个幅员广大的国家的所有地方取得完全的军事胜利。

这就不再是一次"闪电"任务，也不可能"不花什么力气"便可完成。日本的工业生产能力，是否能为这种活动提供装备，同时又迅速发展它所征服的地方的交通并开发其资源，以及为了确保征服还必须打赢的更大规模的战争作物资准备，是十分可疑的。

再深入一步分析，便可看出日本的根本错误是把中国看作是一成不变的。由于中国在表面上同以前一样，日本以为自己所要打败的只是一个被贪污腐化毒化和内部分歧弄得四分五裂的国家的软弱政府和军队。在抗战那几年，中国没有沦陷的内地在政治上和经济上确实分崩离析。但到了后来，世界战略均势已变得不利于日本，中国抗战的重心已转移到敌后的前线。"和平攻势"成功的希望因此又一次注定化为泡影。

虽然日本人认为自己的军队足以摧毁旧中国的想法是正确的，但是它所侵入的是孕育着新中国的旧中国。从 1938 年到 1942 年（更不要说再晚一些时候），这个"新中国"不仅诞生了，而且长大成人了。经过五年的暂时平静后，"了结支那事件"比开始时更难了，但又更为迫切需要了结。

对解放区的最后一次进攻

日本正确地认识到解放区是抗战的关键之后，便从解放区着手。它对延安只是采取不认真的进攻，因为新民主主义抗战的力量在于老百姓已增强的意志、组织和信心。攻占边区只会使它成为日本自己战线后面又一个伤脑筋的地点。此外，这还会消除共产党部队和国民党后方之间的惟一共同边界。这条边界对日本是非常有用的，因为这是一条摩擦线而不是合作线。这条线牵制住许多军队，不断发生危及中国团结的事端，保持着中国发生大规模内战的仅剩的希望。

解放区在经历了珍珠港事件前的大"扫荡"战役后有了一段喘息时间，日军则进行重新组合准备发动新的战争。解放区军民不是躺下养伤，而是收回他们失去的一切,并把边界进一步向前推进。日本没有从华北撤军,相反还增派了军队。随之发生的战斗是一场为了生存的你死我活的斗争。

八路军暂时被全部赶出冀中。设在晋东南山区的司令部本身被包围,突围时副参谋长左权牺牲了。官兵伤亡很多,老百姓死伤更多。日本人凶暴地把毒气送进老百姓躲藏的山洞和地道里,解放区的官员很肯定地认为他们还散播了淋巴腺鼠疫。由于没有科学设施,无法证明这点,但可以肯定的是,敌人经过后许多地方出现了这种以前没见过的疫病。

与此同时,日本人的政治战达到了前所未有的程度。杀一儆百的恐怖行为如"巩固和平秩序"和"三光"政策之外,又加上了最初于1941年末在长江中游一带实行的新办法——"清乡"。这个办法是日本人和他们的傀儡汪精卫新创造的。这是仿效国民党在10年内战时发明的那种做法,但是许多细节却加以发展了。

继叶挺之后的新四军军长陈毅向我谈起了什么叫"清乡"。他解释说:"敌人改变了把部队铺开到我们整个地区以便像以前一样达到最大程度恫吓和破坏的做法,而是派大量驻军加上许多伪军、官员、警察和特务渗透到指定的小块地区。他们驻扎三个月,逐村'清理',审问每个男女儿童,以搜寻我们的便衣游击队、民兵、地下工作者、伤员以及总的说来任何帮助过我们的人。"

"在这三个月中,谁都不能离开,每天要点名。曾经同我们打过交道的'危险分子'被处决或监禁。表现出爱国情绪的'可疑'分子受到管制。对日本人的走狗和那些被认为'无害'的人,则发给'良民证',使他们虽没有免于受辱,至少可以免于惩罚。"

"你们怎样对付这种情况?"我问道。

"主要是靠军事行动,"他回答说,"我们动员我们所有的部队,打击不论远近的敌人的每一个可能的薄弱点,迫使敌人重新把力量分散开。与此同时,我们把土生土长的游击队的小股武装小组派回遭到清洗的地区,隐蔽在树林、灌木丛和比较勇敢的农民的庄稼地里。这些人晚上出来,袭击最可恶、最活跃的伪军,因为这些人了解当地的情况,没有他们,敌人无法下手。武装小组同老百姓接触,告诉他们我们是在干什么,为什么这样干。这样的活动收到双重效果,使汉奸害怕而采取磨洋工政策,也使老百姓感到,尽管敌人大量集中,但我们仍然在那里打击压迫他们的人。"

"因此,清乡的做法开始失灵,"陈毅继续说,"敌人在头半个月或一个月,一切似乎还能随心所欲。然后,敌人的一部分军队就不得不撤离去应付其它地方的告急警报。于是,伪军就越来越害怕。然后,我们的老百姓便比较大胆,团结到游击队周围袭击小股日军。最后,向伪军士兵开展广泛的政治攻势,届时,如果情况顺利,他们已接替了大部分日本驻军。我们的农民大胆地告诉他们,正如他们亲眼看到的,新四军是不可征服的。农民问他们,作为中国人,为那些连他们也保护不了的民族敌人效劳,能有什么好处?"

"到第三个月时,我们已能够开进较多的游击队。伪军开始成建制地倒向我们。我们的正规军也回来了,敌人又得一切从头做起,而且处于不利状态,因为老百姓已经看到他们垮过一次了。"

解放区反攻

要是有什么人认为共产党领导的解放区对政府军的溃败感到高兴,那就想错了。在日本人大进攻期间,我一部分时间在国民党地区,其余时间在延安和晋绥地区,那里的反应既愤怒又忧伤。

一方面是正规战线后面的人民渴望得到支援,另一方面是八路军和新四军强烈向重庆提出新要求,希望准许他们去支援。八路军主动提出派他们自己的部队去河南战场,新四军则提出去湖南。虽然他们难以从自己的地区抽调大量部队,但他们觉得即使是派去几个旅也会使情况大大改变。他们的人身体好,训练有素,懂得怎样动员民众抗战。经验证明,他们能够边战斗边扩大实力。

尤其是对湖南,许多老红军都有难以割舍的乡情。前面已经提到,毛泽东和共产党的许多领导人都是湖南人。不少指战员的家属还在湖南农村和城镇里。1944年中,延安的人谈论起无线电广播的关于那里的

历史不应忘记

战斗的消息，比讨论延安主管地区的局势发展更活跃。当我同八路军一二〇师传奇式的师长贺龙谈起湖南吃的败仗时，他像一只关在笼子里的老虎那样咆哮起来。"内战期间我在湖南各地打过仗，"他说，"在长沙一带打过，在大小湖泊里打过，我一个团把国民党整整一个军牵制了好几年。现在，国民党在那里人数上占优势，武器比我们所希望得到的好，还有盟国的飞机。但他们却让日本人打进来了……"

延安对这次极其紧急的非常情况的另一种比较有组织的反应，表现在1944年7月7日纪念抗战七周年发表的口号中。解放区的每个村里都宣读了这些口号，并且书写在墙上。具体内容已在前面作了介绍。

这些口号并非仅仅是空话。除了向重庆提出具体的合作建议之外，甚至还同封锁他们的部队联系，如果反共堡垒西安遭到进攻，如何采取联合行动保卫它。军事当局和选举产生的地方政府都非常详尽地讨论了如果要求他们提供援助时，他们究竟怎样援助。

我当时亲自听到的民选代表高森山在边区参议会上的发言，充分说明延安本地的人民的情绪。高在讲话时转身对着墙上的蒋介石画像雄辩而直率地说："我要对你说几句，委员长。你曾经宣称，只要还有任何中国人被奴役，你就觉得好像自己被关在监狱里一样。我们在边区有同感。我们不多说，但为此而努力。我们在这里所做的是为你争面子。如果全中国都产生同样的结果，你的荣誉就会更大。这里和其它地方有亿万人民想帮助你成为真正的四大国之一，一个强大的民主的中国的伟大领袖，而不是仅仅出于礼节。"

"这难道也犯罪吗，蒋先生？要是不给予人民权利并鼓励他们工作使我们能赶上其他国家，中国怎么能进步？难道你喜欢你的追随者是一些拥有许多奴仆的一事无成的二流子和寄生虫吗？这是亡国之路。我们要帮助你，也帮助我们自己。你应该感谢我们，为什么你反而要打我们呢？"

虽然关于实现两条战线之间合作的建议没有产生任何具体结果，但是各解放区已转入进攻。

八路军和新四军的新攻势是所有根据地的协同进攻。如果两条战线合在一起，这是自从1938年台儿庄战役以后中国最大的一次攻势。但是在形式上仍然是由各自为战的游击行动所组成的。由于解放区部队武器装备处于劣势，使之仍然被迫避免进攻大城市和日本的重要中心。

这次攻势的一个目的，是在尽可能多的地方牵制住敌人，从而支援正规战线。第二个目的是摧毁敌人在华北和华中的碉堡网，把尽可能多的日本人从碉堡里赶出来，瓦解他们的助手——伪军的战斗意志。第三个目的是扩大沿海解放区，以收复被国民党军队放弃的土地，为盟军登陆提供方便。在前面已经说明过这种登陆在政治上和军事上都被认为是可取的原因。

在各地都展开进攻的同时，所有根据地都进入总动员状态，为肯定要随同盟国全面反攻来临的更大规模战斗做准备。在盟国全面反攻来临之前，可能还要对付另一挑战。如果日本人把国民党彻底打败，那么实行新民主主义的地区将是全中国剩下的惟一抗战中心。

整个1944年，八路军和新四军都在不断扩大，从"优秀的"民兵中吸收新兵，这些民兵由于以前有良好的基础，这时成了极其重要的训练有素的后备力量。那年的3月，各解放区正规部队总人数已达47万，夏末达60万，秋末达80万。

但是，最最不可思议的，也许是日本方面对这些事实的了解程度。东京的大报《朝日新闻》的军事评论曾在河南、湖南战役前夕写道："我们的主要敌人目前是共产党部队。我们在交战中有70%的仗是同他们打的。重庆的军队已丧失斗志。我们的华北驻屯军的主要任务，是对付煽动民族觉悟和寻机决战的共产党人。"与此同时，在重庆的中国政府继续否认解放区的存在。重庆的新闻检查不让自己的人民和盟国的公众知道敌后斗争的消息。

与此同时，日本人继续向前推进。他们攻入贵州省，威胁到重庆和作为美军主要基地的昆明。为了阻止日军前进，蒋介石终于把封锁共产党的军队中约占十分之一的兵力派到战场上，一小部分由美国飞机空运，其余都走陆路。

事实上，日本人既没有攻占重庆，也没有攻占昆明。

然而，时间已不多了。失败的阴云正从其它方向朝日本上空聚拢。

历史不应忘记

最后的胜利

1945年夏天，罗斯福总统已经去世，他那个班子里的成员不论在国内外都可以自行其是了。在中国，赫尔利和魏德迈在行使着总督的权力，因为他们既是国民党的最后希望，又是这个党的狂热支持者。这个国家尽管处境危险，却丝毫没有走向统一。美国同解放区的联系一直没有超出派观察小组的范围。

中国成了全球进攻战略中的一个附属战区。在正规战线采取陆上行动的计划再度被搁置起来了。美国第14航空队及与之合编的第10航空队没有可以直接打击日本的前沿基地。第20航空队的B-29战略轰炸机已从中国本部的成都调至太平洋上的塞班，因为那里更靠近东京，而且能依靠经海路运来的补给品。可是，美国方面加紧了对国民党军队的训练工作。由于增加了食品、派驻了美国战地小组以及补充了大批武器，大约30个师的部队情况有了改善。这些师被称为"新军"。人们都说，战后，蒋介石将把这些军队变成他的军事力量的基础。换句话说，新军是国民党在政治上卷土重来的先锋队。

"战后"，这是个关键的字眼。当日本人如几个月来人们所预计的那样开始撤出华南和华中，准备在长江以北进行最后决战的时候，中国军队跟在他们后面开了进来。报纸上对他们的进军大吹大擂，称之为"伟大的胜利"。然而，事实是，他们往往在敌人撤走了好几天之后才开进某一城市，所谓作战，只是一些与殿后部队的小冲突。然而，魏德迈将军的宣传机构却帮助国民党吹嘘这些"攻势"的重要意义。不久，这位将军就称抗战工作的宿敌何应钦为"中国的艾森豪威尔"了。这种奇怪而卑鄙的无视事实的做法，对于那些正当何应钦逃避职责、策划阴谋之时牺牲在真正的战斗之中的中美将士，真是一种侮辱。

这种"胜利"还有另一个有趣的特点。为了报答对国民党最糟糕的将领们的溢美之词，中国政府意图使人感到这表明了美国训练的成功。在史迪威努力同日本作战时，有人对他大张挞伐；而今颂扬美国训练的成功，这本来会是令人高兴的事，可惜事实并非如此。记者们全都证实，"新军"还没有上过战场，填补真空的还是以前参加作战、常常被可耻

抗日战士欢呼战斗胜利。

地抛弃不管的那些衣冠不整、食不果腹的士兵。

"新军"留着干什么？日本投降前不久，报纸上有消息说，魏德迈将军视察了华北前线。据说那里随时可能发生战斗。这位将军此次视察的最引人注目的一件事是，他去看了反共封锁线上主要的出击点。这条包围着延安边区的封锁线是巨大的新月形，从南面的西安经西面的平凉到北面的榆林和绥远。他没有去看八路军，当时八路军正在敌人内线堡垒的内部作战，而这个堡垒正是他本应粉碎的。他连派到八路军延安总部的他自己的观察小组都没去看望一下。

魏德迈视察后不久，再次响起了内战的雷声。国民党军队在北方对日本发动攻势一说仍属子虚乌有，但他们的封锁部队在爷台山等地向边

历史不应忘记

北平各界人士在故宫召开庆祝抗战胜利大会。

区渗透却是事实。在打退这些军队的进攻后,八路军参谋长叶剑英宣布,从他们手中缴获了许多美制武器。他在提出上述说法的同时开列了很长一个单子,写明了各种武器的数目和美国制造商的名字。共产党领导的军队终于得到了一些美制武器——是像他们以前得到中央政府的给养时那样绕着圈子得到的。

在中国战区的记者招待会上,魏德迈将军像平时一样温文尔雅、镇定自若。他否认美国为中国内战提供了装备,但是他说,很可能有些武器被"偷"去干这类事了。他宣称,这种情况以前也发生过。在确凿的证据面前,他没说他是否要向中国政府和"中国的艾森豪威尔"何应钦提出抗议,也没说他提出了什么别的建议。

后来，发表了"波茨坦公告"，扔下了也是进一步打破日本列岛防御的那两颗原子弹，苏联出兵东北粉碎了敌军在大陆上继续顽抗的梦想。日本投降了。

日本宣布投降后，蒋介石立即命令侵华日军指挥官只向他指定的部队投降。他对他们说，任何部队若不抵制未经授权的要他们放下武器的要求，就要拿他们这些当官的是问。这就是命令他们继续同八路军和新四军作战，但同时，他却允许他们向一些伪军投降。这些伪军此时声称他们一直忠实于重庆。幸存下来的伪军部队高高兴兴地回到了国民党的怀抱。此后不久，蒋介石的上述伎俩得到了盟国的批准。麦克阿瑟将军把类似的条件写进了盟国起草的投降书。

只是到了这时，美国训练的新军才最后派上了用场。美国用飞机、军舰把这支军队送到华北、华中各地去"接受日本投降"，还有一支部队自己开到广州去阻止敌军向华南纵队投降。不久，整个新军就全部投入了对付解放区部队的内战。国民党方面宣布，解放区部队占据他们在整个战争期间作战的区域是非法的，而这些区域多年来不曾看到中央军的影子。

中国经受住了一次企图全力征服它的巨大考验。它现在是否会回到半殖民地的分裂状态？抗战胜利是否能使它的人民享有他们长期谋求的和平、完全独立以及求得进步的机会？

对这个问题不会有现成的答案，道路仍然是艰苦曲折的。随着人民斗争取得巨大进展，又出现了以往那种局面。国内那些维护中国落后状态的人又一次伸出手来摘取斗争的胜利果实。他们又要求外国提供援助来对付本国人民了。

他们所依靠的外国便是美国。战争期间，美国是朋友，不是敌人。他的敌人也就是中国的敌人。它还背离了一个世纪以来中国同西方关系的传统——尽管时间是短暂的，也是不情愿的——站到了中国人民的真正利益的一边。这些，使人们产生了巨大的希望。

美国在最后一刻改变态度，这不仅使战争时期取得的进展化为泡影，也使中国人民心目中美国政策与英国等殖民主义国家的政策存在的旧有差别不复存在了。美国也许是与以前的侵略者为伍的，但它没有采取武装行动把它的意志即它挑选的政府强加给中华民族，因此，中国人对它异常友好。但是，现在它也玩弄起干涉主义老把戏了，只不过是用了一个新的借口——"阻止俄国的行动"。

所以，我在抗战后出版的一本书，用了这样一个名字——《中国未完成的革命》。

本书在编辑过程中得到了爱泼斯坦和他的夫人黄浣碧女士的大力支持，沈苏儒、贾宗谊、张水澄、陈瑶华等也给予了热情帮助，在此一并致谢。

——编者